KB200432

목회적으로 깊이가 있는 책이다. 오랜 압박이 평범한 물질을 다이아몬드로 바꾸듯 고통이 어떻게 우리 안에 아름다움을 빚어내는지 잘 보여 준다. 그리스도인은 역경을 만났을 때 자기 의지로 이겨 내거나 절망하도록 부름받지 않았다. 우리는 예수님처럼 역경을 맞아 죽음을 통해 부활에 이르도록 부름받았다. 고통의 신학을 귀에 쏙쏙 들어오게 풀이한 책이다.

팀 켈러, 리디머교회(Redeemer Presbyterian Church) 설립목사

내 친구 스캇 솔즈는 사람들을 진흙 구덩이에서 끌어 올리는 일에 관해 잘 알고 있다. 《아름다운 사람은 저절로 만들어지지 않는다》는 더없이 부드러우면서도 강력하고 사려 깊은 책이다. 당신이 하나님을 부여잡고 모든 고통을 통과하도록 도와줄 것이다. 고난당하는 모든 사람이 소망과 온전함과 영적 건강으로 돌아가는 길을 찾게 도와주는 최고의 안내서다. 이 놀라운 책을 강력히 추천하고 또 추천한다!

조니 에릭슨 타다,
조니와친구들국제장애센터(Joni and Friends International Disability Center)

나는 스캇 솔즈 책이라면 다 찾아서 읽는데 이 책이 그의 최고 역작이라고 확신한다. 자신감과 안정성, 성공의 이미지 뒤에 숨으려는 사람이 너무도 많다. 이 솔직하고 소망 가득한 책은 다른 길, 바로 그리스도의 길을 명료하고 솔직하고 친절하게 보여 준다. 읽으면 절대 후회하지 않을 것이다. 두고두고 읽고 싶은 책이다.

러셀 무어, 前 미국 남침례교 윤리와종교자유위원회 위원장

놀랍도록 소망으로 가득한 책이다. 하나님이 우리의 힘들고 가슴 아픈 경험을 어떻게 사용하셔서 부드러운 마음을 지닌 아름다운 사람으로 빚어내시는지 일깨운다. 한 번만 읽고 말 게 아니라, 2년마다 한 번씩 다시 꺼내 읽으며 하나님의 은혜 덕분에 상처와 두려움이 아니라 아름다움이 이긴다는 사실을 되새겨야 한다.

폴 트립, 《돈과 영성》 저자

우리가 집단적 상실과 개인적 상실의 시기에서 빠져나오기 위해 애쓰고 있는 지금, 감정적으로 솔직한 고백과 은혜로 가득한 이 책은 우리를 고난의 구덩이에서 하나님 지혜의 빛 가운데로 끌어 올리는 줄사다리와도 같다. 솔즈는 우리의 상한 심정을 표현할 길을 열어 주고, 우리를 수치와 슬픔의 낮은 곳에서 하나님 능력의 높은 곳으로 이끄는 은혜를 증언한다.

샌드라 맥크라켄, 싱어송라이터

스캇 솔즈는 상처만 주는 말이 난무하는 이 시대에 우리에게 가장 필요한 치유와 회복의 말을 해 준다. 크고 작은 트라우마와 고통을 안고 살아가는 이들은 이 책을 읽고 하나님이 그들 안에서 아름다움을 끌어내실 날을 준비해야 한다. 전혀 예상치 못한 곳에서 상상하지도 못했던 아름다움이 나타날 것이다.

커트 톰슨, 《수치심》 저자

매일 우리 상담소에서는 상처를 인정하면서 복음의 소망을 알고 경험하기 위한 문이 열리는 일이 벌어진다. 이 책은 우리 문화에 만연한 우울증과 불안, 정신질환의 위기를 다루는 데 큰 도움이 된다. 스캇 솔즈와 같은 은혜와 겸손을 갖춘 노련한 안내자가 그 방법을 보여 주니 얼마나 감사한지 모른다.

시시 고프 · 데이비드 토머스, 치료사

우리의 지친 모습이 예수님과 교회, 그리고 신자로서 우리의 성장에 걸림돌이 아니라는 점을 이해하기 위해 필요한 책이다. 솔즈는 우리의 고통을 인간 경험의 일부로 받아들이고 '우리가 약할 때 그분이 강하시다'라는 진리 안에서 용기를 얻으라고 말한다.

레이첼 조이 웰처, 렉스햄프레스(Lexham Press) 편집자

스캇 솔즈는 지쳐 떨군 우리의 고개를 부드럽게 들어 우리 아버지의 은혜와 그리스도 안에 있는 영광스러운 소망을 보게 한다. 그럴 때 우리의 고난이 전혀 헛되지 않다는 사실을 깨닫게 된다. 우리의 고난에 복음으로 충만한 의미를 부여하는 책이다. 모든 신자들이 두고두고 읽어야 하는 책이다.

브라이언 로리츠, 서밋교회(The Summit Church) 교육목사

한 페이지를 넘길 때마다 혼자라는 느낌이 점점 사라졌다. 솔즈는 자신의 문제와 실패, 후회, 약함을 솔직하게 고백한 이 책을 통해 내 여행의 동반자가 되어 주었다. 그는 몸소 경험했기 때문에 내 상처를 이해한다. 그는 한 페이지씩 나와 함께 걸으며 내가 나에게 했던 거짓말을 일깨워 주었다. 그리고 그 거짓말을 하나님의 진리들로 바꿔 주었다. 치유와 소망으로 인도하는 믿을 만한 안내서다. 사랑 가득한 사람이 써서 더욱 믿을 만하다.

앨 앤드루스, 포터스콜(Porter's Call) 설립자

이사야서 61장 3절에서 하나님은 재를 화관으로, 슬픔을 기쁨의 기름으로, 근심을 찬송의 옷으로 바꿔 주겠다고 약속하신다. 하지만 어떻게? 생명을 주는 이 책에서 스캇 솔즈는 커튼을 걷어 하나님의 구속의 사랑을 보여 준다. 그것은 우리의 상상을 뛰어넘는 회복과 치유를 주시는 사랑이다. 이 책을 읽고 가슴에 새기라. 하나님은 망가진 모든 사람, 심지어 우리도 회복시켜 주실 것이다.

해너 앤더슨, 《겸손한 뿌리》 저자

겉만 번드르르한 선물로 변덕스러운 추종자들의 환심을 사려는 신을 바란다면 이 책은 지하실에 처박아 두라. 우리 상상을 뛰어넘는 하나님, 그리고 우리가 통제할 수 없는 하나님을 받아들일 준비가 되었는가? 또한 인생의 쓴맛을 직접 본 저자이자 목사가 예수님의 길을 끝까지 갈 수 있도록 제시하는 방법을 받아들일 수 있겠는가? 그렇다면 나의 좋은 친구 스캇 솔즈가 쓴 이 지혜의 책을 정독할 것을 권한다.

A. J. 셰릴, 세인트피터스교회(Saint Peter's Church) 담임목사

'고난을 통해 아름다움과 영광으로 가는 예수님의 길'은 정도는 다르지만 우리 모두에게 적용된다. 내 형제이자 친구인 스캇 솔즈가 우리에게 귀한 선물을 주었다. 목회자의 세심함과 배려로 버무려진 이 책은 우리의 눈물 한 방울도 허비하시지 않는 아름다운 하나님의 마음 앞으로 우리를 데려간다.

어윈 L. 인스 주니어, *The Beautiful Community*(아름다운 공동체) 저자

지금 당신이 손에 들고 있는 책은 나 같은(아니, 우리 모두와 같은) 죄인과 고난당하는 이들에게 귀한 보물과도 같다. 이 책에 담긴 이야기들과 소망과 성경적인 통찰은 우리를 지치게 하는 두려움을 직접적으로 다루어 준다. 솔즈는 우리의 '최악의 것들'을 그리스도께 맡기기 위한 작지만 충성스러운 단계들을 밟으면 우리 삶의 가장 어두운 얼룩과 가장 깊은 상처도 절대 허비되지 않는다는 사실을 일깨운다. 우리 이야기의 가장 흉한 부분도 그리스도 안에서 구속될 뿐 아니라, 그분은 그런 부분을 부드럽게 다루어 우리를 치유하시고 그런 부분을 강력하게 다루어 우리를 가장 아름다운 모습으로 바꾸어 가신다.

매티 잭슨 셀렉먼, *Lemons on Friday*(금요일의 레몬) 저자

스캇 솔즈가 소중한 글을 써냈다. 역경과 상실과 고통은 우리를 경직되게 만들지만 솔즈는 창조주와 보조를 맞춰 걸을 수 있도록 우리를 유연하게 하고, 그리스도와 성령께 순응하게 만든다. 우리가 살아야 할 아름다운 삶을 살도록 도와주는 지혜, 매일의 전술들, 깨달음으로 가득한 책이다. 우리 모두에게 주는 이 놀라운 선물을 놓치지 말라.

마거렛 파인버그, *More Power to You*(당신에게 더 큰 힘을) 저자

스캇 솔즈는 우리의 슬픔 속에서 하나님의 은혜가 어떻게 작용하며, 고난의 풀무불 가운데서 우리가 어떻게 하나님의 길을 배울 수 있는지를 보여 준다. 개인적인 솔직함과 목회적인 지혜를 겸비한 이 책은 내가 지금까지 읽은 솔즈의 책 중에서 단연 최고다. 어서 빨리 다른 사람들과 나누고 싶다.

데이비드 P. 캐시디, 스패니시리버교회(Spanish River Church) 목사

아름다운 사람은 저절로 만들어지지 않는다

지은이 | 스캇 솔즈
옮긴이 | 정성묵
초판 발행 | 2022. 8. 24
6쇄 발행 | 2024. 10. 31
등록번호 | 제1988-000080호
등록된 곳 | 서울특별시 용산구 서빙고로65길 38
발행처 | 사단법인 두란노서원
영업부 | 2078-3333 FAX |080-749-3705
출판부 | 2078-3332

책값은 뒤표지에 있습니다.
ISBN 978-89-531-4284-8 03230

독자의 의견을 기다립니다.
tpress@duranno.com www.duranno.com

두란노서원은 바울 사도가 3차 전도 여행 때 에베소에서 성령 받은 제자들을 따로 세워 하나님의 말씀으로 양육하던 장소입니다. 사도행전 19장 8-20절의 정신에 따라 첫째 목회자를 돕는 사역과 평신도를 훈련시키는 사역, 둘째 세계선교TM와 문서선교단행본·잡지 사역, 셋째 예수문화 및 경배와 찬양 사역, 그리고 가정·상담 사역 등을 감당하고 있습니다. 1980년 12월 22일에 창립된 두란노서원은 주님 오실 때까지 이 사역들을 계속할 것입니다.

아름다운 사람은

아픈 인생에
건네는
깊은 위로

Beautiful People
Don't Just Happen

저절로
만들어지지
않는다

스캇 솔즈 지음
Scott Sauls

두란노

죄를 짓고 고난을 당하고 두려움을 느끼는
모든 이에게 이 책을 바칩니다.
하나님이 가까이 계시며 당신의 가장 좋은 날이 다가오고 있습니다.

상처 입은 치유자들에게 이 책을 바칩니다.
목사, 사역자, 치료사, 정신질환자를 돕는 이들,
중독 상담자, 후원자, 영적 지도자, 의료 전문가, 사회복지사,
간병인, 힘든 가운데서도 계속해서 노력하는 부모들과 친구들,
그리고 그들의 돌봄을 받는 이들에게
이 책이 힘이 되기를 기도합니다.

스피카드 가족(Spickard family)에게 이 책을 바칩니다.
우리는 소망 가운데 살고 있습니다.

contents

I

모두가 힘겹게
남모를 전투를
벌이고 있다

[세월이 남긴 얼룩과 상처 마주하기]

Ⅱ

아름다운 사람은 저절로 만들어지지 않는다

[하나님을 부여잡고 고통을 통과하는 법]

III

교회 안에 다시
'가식 없는 믿음'이
울려 퍼질 시간

[아무도 홀로 고통당하지 않도록]

1장이자,
인생 단 하나의 장

/ 269

* 일러두기

이 책에 실린 성경 말씀은 《성경전서 개역개정판》(대한성서공회)을 기본으로 사용했다. 일부 성경 장절 표기에는 저자가 해당 구절의 더욱 풍성한 이해를 돕기 위해 함께 읽기를 권하는 성경 본문의 장절까지 포함되어 있다.

우리가 아는 가장 아름다운 사람들은
패배를 알고, 고통을 알며, 몸부림을 알고, 상실을 알고,
나락에서 빠져나오는 길을 찾은 사람들이다.
그들은 감사할 줄 알고, 민감하며, 삶에 대한 이해 또한 갖고 있다.
그래서 그들에게는 긍휼과 온화함과 깊은 사랑의 관심이 가득하다.
아름다운 사람은 저절로 만들어지지 않는다.

–

엘리자베스 퀴블러 로스,
Death: The Final Stage of Growth(죽음: 성장의 마지막 단계) 중에서

모두가

힘겹게

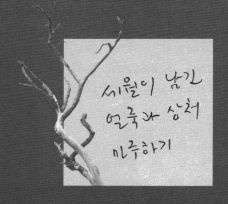

세월이 남긴
얼룩과 상처
마주하기

남모를 전투를

벌이고 있다

I

프롤로그 1

후회와 상처와 두려움,
마음을 병들게 하는
3대 마수

"넌 최악이야."

최근에 이 말을 듣고서 내가 충격을 받은 건 그 말 자체보다 그 말을 한 사람 때문이었다. 이 모욕적인 말은 온라인상의 모르는 사람이나 분노한 교인, 편파적인 사람 같은 유력한 용의자에게서 나온 말이 아니었다. 이 말은 내가 평생토록 알고 지낸 사람 입에서 흘러나왔다. 이 사람은 나를 너무나도 속속들이 알고 있다. 이 사람과 나는 세상 누구보다도 가깝다. 내 형제나 자녀, 심지어 아내보다도 더.

내게 재수 없다고 말한 사람은 바로…… 나였다.

혼자서 하이킹을 하다가 나도 모르게 큰 소리로 원시적 본능처럼 이 말이 튀어나왔다. 미리 생각한 것도 아닌데 마음에서 무심코 나온 것이다.

마음속에 있는 것이 입 밖으로 나온다. 당시 내 마음속에는 공개적인 자리에서 다른 사람에게 독하게 말했던 수치스러운 기억이 남아 있었다. 그 말은 상대방 영혼의 약한 부위를 공격하기 위해 미리 준비한 말이었다. 그에게 상처와 굴욕을 주고 싶었다. 그 순간, 나는 더없이 잔인했다. 이후로 그 사건을 내 머릿속에서 수없이 재현했다. 그에게 몇 번이고 사과했고 매번 용서를 받았다. 일곱 번씩 일흔 번의 고지가 눈앞에 다가오자, 결국 그는 내게 제발 그만 사과하라고 부탁했다.

상대방과 하나님께 이미 용서를 받은 사건. 그럼에도 불구하고 최근 나 자신에게 "넌 최악이야"라는 말을 하게 만든 사건. 그 사건은 무려 37년 전에 일어났다. 거의 40년이 지났는데도 여전히 어제 일처럼 생생하다. 마치 익숙한 노래나 영화처럼 그 기억은 내 일부로 자리 잡았다. 맥베스 부인이 지워 보려고 발악했지만 결국 지우지 못했던 저주받은 기억처럼.

이 이야기는 나중에 좀 더 하기로 하고, 지금은 한 가지만 짚고 넘어가겠다. 보다시피 너무 창피해서 기억하고 싶지 않은 지난 생각이나 말, 행동을 계속해서 곱씹는 것은 우리에게 제2의 천성과도 같다. 지난 일에 대한 후회는 계속해서 우리를 괴롭힌다. 성경에서 "참소자"라고 부르는 자는 우리가 저지른 최악의 행동을 계속해서 상기시킨다. 그렇게 되면 언제부터인가 그 사건이 우리 정체성으로 자리 잡기 시작한다.

"나는 비열한 짓을 저질렀어"가 "나는 비열한 인간이야"가 된다. "나는 추악한 짓을 저질렀어"가 "나는 추악한 인간

이야"가 된다. "나는 엄청난 실수를 저질렀어"가 "나는 구제 불능의 실패자야"가 된다.

죄책감(우리가 저지른 더러운 일)은 쉽게 독한 수치심(자신이 더러운 벌레라는 생각)으로 발전한다. 즉 그 일로 우리 자신의 가치를 평가하게 된다. 죄책감과 독한 수치심 사이를 오락가락하면서 둘 사이의 경계선이 불분명해지기도 한다.

독한 수치심이 뿌리를 내리면 우리를 향한 그분의 은혜와 용서와 매일 새로운 자비가 우리 안에 머물지 못하고 마치 배수구로 빠져나가는 물처럼 빠져나간다. 많은 사람이 새장에 갇혀 피곤하고 사기가 떨어진 데다 날개까지 꺾인 독수리처럼 자기혐오라는 마수에 단단히 사로잡혀 있다.

나는 새장에 갇힌 사람들이 날개와 자유를 되찾도록 돕고 싶어 이 책을 썼다. 패배감에 눌린 영혼들을 위한 용서와 은혜의 푸른 하늘이 분명 존재한다. 그 하늘은 무한하고 자유롭다. 하나님은 우리가 자유를 누리기를 바라신다.

과거의 추악한 것들이 더는 당신을 옭아매지 못하기를 간절히 기도하면서 이 글을 쓰고 있다. 그것들이 당신 인생 이야기의 일부일지언정 당신의 정체성은 아니라는 사실을 깨닫기를 바란다. 또한 마음의 눈이 열려, 당신의 그 어떤 최악의 행동보다도 큰 그분의 은혜를 받게 되기를 바란다. 우리가 아무리 애를 써도 그 은혜에서 벗어날 수 없는 것은 그리스도의 빈 무덤만큼이나 확실한 그분의 선하심과 인자하심이 평생 우리를 따를 것이기 때문이다(시 23:6).

내 안의 해묵은 균열들

후회만 우리를 새장에 가두는 것은 아니다. 그동안 내가 쓴 글을 읽거나 내 설교를 들어 본 사람이라면 내가 종종 우울증에 시달렸다는 사실을 알 것이다.

나는 상처가 많은 사람이다. 몇몇 가족을 먼저 떠나보냈고, 몇몇 친구들은 스스로 생을 마감했다. 건강 염려증과 만성질병 때문에 종종 무기력증에 빠졌고, 거부당해 낙심하며 외로움에 떨었다. 상실과 죽음에 슬퍼했고, 험담과 비방에 굴욕감을 느꼈다. 두려움과 실패에 사기가 꺾였고, 어릴 적 당한 학대의 충격에 적잖이 오랜 세월 시달렸다.

흠과 죄가 가득한 인간이다 보니 나는 물론이고 다른 사람들에게까지 자주 상처를 주었다. 그래서 '원망을 품고, 현실을 부정하는 가운데 허덕이고, 독한 수치심을 키우며 사랑하는 사람들에게 상처를 주는 삶'이 사람을 얼마나 지치게 만드는지 잘 안다.

그렇게 숱하게 고통을 겪으면서도 자해할 생각은 단 한 번도 해 본 적이 없지만, 하나님께 세상에 줄 것이 하나도 남지 않았으니 나를 당장 데려가셔도 괜찮다고 기도한 적은 있다. 지금 와서 생각해 보면 하나님이 그렇게 하시지 않아서 얼마나 감사한지 모른다. 인생의 어둡고 슬픈 터널을 통과한 덕분에 하나님의 선하심을 더욱 믿고 더욱 깊이 경험할 수 있게 되었기 때문이다. 고통과 슬픔을 겪으면서 나는 하나님의 반직관적인 길이 무엇인지 배웠다. 약함이라는 길을 통해 가장 큰 강함이, 방황이라는 길을 통해 가장 높은 지혜가, 슬픔이라는 길을 통해 가장 짙은 기쁨이, 의심이라는 길을 통해 가장 깊은 예배가 나온다.

허먼 멜빌은 이렇게 말했다. "장로교인이나 이방인이나 할 것 없이 우리 모두는 머리에 심각하게 금이 가서 안타깝게도 치료를 필요로 하니, 하늘이시여, 우리 모두에게 자비를 베푸소서."[1]

예수님은 우리 안에 갈라진 금(균열)들을 치료해 주신다. 이런 개념이 낯설거나 부담스럽게 느껴지는가? 이 책을 읽으면서 이런 개념에 친숙해지고, 나아가서 이것이 기분 좋게 느껴지게 되기를 바란다. 하나님이 당신 안에서 이런 역사를 행하고 싶어 하신다. 우리가 하나님에게서 인간의 지혜보다 더 높은 지혜와 인간의 이해를 뛰어넘는 평강을 찾을 때 비로소 하나님은 역사를 행하신다.

하나님의 도 안에서 자라나 더 나은 내가 되는 것은 운동을 꾸준히 하는 것과도 매우 비슷하다. 영적으로 강해지는 비결은 몸에 좋은 음식을 섭취하고 운동을 열심히 하는 과정과 매우 흡사하다. 헬스클럽에서 처음 운동을 시작할 때 트레이너가 팔굽혀펴기를 한 세트에 25번씩 하라고 하면 무리하게 느껴진다. 첫날에는 팔굽혀펴기를 할 때마다 오히려 팔이 약해지는 기분이 든다. 하지만 실제로는 팔 근육이 강해지는 과정이며, 트레이너는 이 점을 잘 알고 있다. 꾸준히 이 힘든 훈련을 참아 내면 얼마 지나지 않아 25번의 팔굽혀펴기를 곧잘 해낼 수 있다. 그러다 나중에는 50번, 75번, 100번으로 계속해서 늘려 갈 수 있다.

하나님께 훈련받는 사람의 영혼은 트레이너에게 훈련받는 사람의 근육과도 같다. 우리 영혼은 한계에 다다를 때마다 고난을 견뎌 내는 동시에 하나님을 즐거워하는 능력이 더욱 강해진다. 그럴 때 우리는 (최상의 의미에서) 위험한 존재들이 된다. 우리는 극한까지 몰릴 때마다 스스로 더 강해질 뿐 아니라 고통과 환란을 겪고 있는 사람들을 더 잘 도울 수 있게 된다. 그렇게 해서 하나님의 자녀들이 서로를 도울 때 참소자는 떨기 시작한다.

우리가 입은 상처에는 하나님이 부여하신 목적과 의미가 있다. 심지어 우리 눈에 분명히 보이지 않을 때도 하나님의 손은 여전히 움직이고 있다. 하나님의 뜻은 벌을 주시려는 게 아니라, 언제나 그렇듯 가르치시려는 것이다. 나아가, 우리를 수술하시려는 것이다. 우리의 몸과 영혼을 고치는 의사이신 하나님은 결코 그분의 자녀를 칼로 푹 찌르시지 않는다. 하나님은 언제나 수술 칼(메스)을 우리에게 조심스럽게 대신다. 그 과정에서 때로 우리가 상처를 입기도 하지만, 그것은 어디까지나 우리를 낫게 하시는 과정이다.

"너희가 죄와 싸우되 …… 너희가 참음은 징계를 받기 위함이라 하나님이 아들과 같이 너희를 대우하시나니 …… 오직 하나님은 우리의 유익을 위하여 그의 거룩하심에 참여하게 하시느니라 무릇 징계가 당시에는 즐거워 보이지 않고 슬퍼 보이나 후에 그로 말미암아 연단받은 자들은 의와 평강의 열매를 맺느니라"(히 12:4-11).

이 말씀을 처음 들었던 순간이 기억난다. 누군가가 내 가슴을 아프게 한 참이었는데, 그런 내게 한 나이 지긋한 분이 이 구절을 들려준 것이다. 화가 났다. 내 고통에 이해할 수 없는 목적이 있다는 말 따위는 듣고 싶지 않았다. 내 고통 이면에 하나님이 계시다는 말은 더더욱 듣기 싫었다. 지금은 당시의 내 근시안이 보인다. 이 말씀이 그 시기에 가장 필요했던 진리라는 사실을 나중에야 깨달았다. 이 말씀은 이후 비슷한 시기에서도 내게 가장 필요한 진리의 말씀이었다. 때로 우리는 백미러로 보기 전까지는 하나님과 우리 자신에 관한 진실을 보지 못한다.

과거에 어떤 상처를 받았든 혹은 지금 어떤 상처를 받고 있든, 비난과 절망의 구렁에 빠지는 대신 이 책을 통해 사도 바울이 무덥고 지저분한 감방 안에서 발견한 "자족의 비밀"을 발견하게 되기를 바란다. 바울은 이 비밀이 배워야 하는 것이라고 말한다. 예수님이 고난을 통해 순종을 배우셨던 것처럼 말이다. 바울에게 이 비밀은 자연적으로가 아니라 초자연적으로 찾아왔다. 덕분에 그는 풍족할 때나 부족할 때나, 이익을 볼 때나 손해를 볼 때나, 행복할 때나 상처로 아파할 때나 언제나 만족하고, 나아가 기쁨을 누릴 수 있었다. 그는 이렇게 썼다. "내게 능력 주시는 자(그리스도) 안에서 내가 모든 것을 할 수 있느니라"(빌 4:10-13).

당신과 내가 바울처럼 그리스도를 알게 되기를 원한다. 그렇게 되도록 당신을 돕고 싶다. 이 책을 읽는 동안 결핍과 상실과 아픔 속에서도 자족을 누리는 법이 더 이상 비밀이 아닌 친숙한 친구가 되길 바란다.

최악의 시나리오를 상상하며 걱정하는 버릇

마지막으로, 이 책이 미래에 관한 걱정이나 두려움에 휩싸인 사람들에게 도움이 되기를 바란다. '최악의 시나리오를 상상하고 골똘히 생각하는' 즉 걱정하는 버릇에 관해 내가 받은 최고의 조언은 30년 전 내 멘토였던 제럼 바스 교수님에게서 들은 말이다.

교수님은 커버넌트신학교(Covenant Theological Seminary)에서 공부하던 시절의 은사(恩師)였다. 당시 나는 치명적인 어떤 질병과 증상이 비슷한 원인불명의 병에 걸렸고, 결국에는 괜찮아졌지만 투병 중에는 그 불가사의한 병이 과연 나을지 알 수 없어 날마다 온갖 걱정과 씨름했다.

'젊은 나이에 요절하면 어쩌지?'

나는 공포에 사로잡혀 교수님에게 이렇게 말했다.

"결혼도 못하고 목회 한번 못해 보고 죽으면 어쩌죠?"

당시 내게 아버지와도 같은 존재였던 바스 교수님은 두 팔을 뻗어 나를 몇 분간 꼭 안아 주었다. 그는 아파하는 다른 사람들에게 늘 그랬듯이 눈물을 흘리며 깊은 연민의 마음을 표현했다. 내 셔츠의 어깨 부분이 그의 눈물로 흠뻑 젖었다. 교수님은 내게 커피를 내주고 나서 내 상상 속 시나리오에 대응하는 진리들을 하나씩 일깨워 주었다.

"일찍 죽어 하나님 곁으로 가면 모든 걱정의 이유가 사라지니 좋지 않은가. 미래가 두려울 때는 그리스도 안에서는 사나 죽으나 다 유익이라는 사실을 기억하게. 결혼하거나 자녀를 낳지 못하고 죽는다면 예수님이나 사도 바울과 비슷한 이야기를 갖게 되는 셈이지. 두 분 다 결혼한 적도 생물학적인 자식을 두신 적도 없어. 두 분 다 이른 나이에 세상을 떠나셨네. 사실, 대부분의 사도들이 그랬지. 하지만 그들이 온전하고 의미 있고 열매 맺는 삶을 살았다는 걸 역사가 증명하고 있지 않은가.

목회 현장에 발도 제대로 내딛지 못하고 죽어도, 히브리서에서 말하는 구름같이 둘러싼 허다한 증인의 무리에 속하게 되니 좋지 않은가. 그때부터 자네는 예수님이 다시 오실 때까지 다른 사람들을 통해 계속되는 사역을 응원하고 중보하게 될 걸세. 그것도 예수님과 얼굴을 마주하고 앉아서 말이야. 게다가 목회에 따르는 온갖 고난을 면하게 되니 일석이조 아닌가."

긴 포옹, 따뜻한 커피, 내 셔츠를 흠뻑 적신 교수님의 눈물, 그리고 교수님도 큰 고난을 겪었다는 사실. 이런 것들이 어우러져 교수님의 참된 말을 소망으로 받아들일 수 있었다. 참된 말을 '공감'과 '이해'와 '사랑' 안에서 전하면 상대방이 받아들이고 소화시키기가 쉽다. 바스 교수님의 마지막 말은 이것이었다. "자네와 자네가 사랑하는 사람들에 대한 최악의 상황을 상상하며 말할 수 없는 걱정과 두려움에 시달릴 때 계속 해야 할 일이 있어. 바로 자네 말에 귀 기울이기보다 자네 자신을 향해 말하는 것이네."

우리 삶은 아직 '프롤로그'

이 책은 대부분은 장(chapter; 章)이 아니라, 프롤로그

(prologue)로 구성되어 있다. 이것은 우리가 그리스도를 대면하기 전까지 기다리는 사람들이라는 사실을 늘 기억하기 위한 내 작은 노력이다. 우리는 아직 '진짜 집'에 이르지 못했다. 받아들이기 힘든 소식이다. 하지만 소망의 소식도 있다. 바로 그 집이 우리를 기다리고 있다는 것이다.

우리가 아직 진짜 집에 이르지 못했기 때문에, 우리 자신의 말을 듣기보다는 자신에게 말하는 데 도움이 되는 틀과 언어와 이야기들이 필요하다. '수치심을 일으키는 후회의 목소리'는 하나님의 용서와 은혜에 관한 목소리로 잠재울 수 있다. '무기력하게 만드는 상처의 목소리'는 우리를 절대 떠나시지 않는 구주, 우리를 절대 버리지 않는 사랑, 절대 실망할 일 없는 미래의 약속들에 관한 그분의 목소리로 잠재울 수 있다.

이 책을 통해 당신이 이러한 반대 목소리, 즉 하나님 목소리에 익숙하게 되기를 기도한다. 후회, 상처, 두려움이라는 시끄러운 어둠의 소리가 사라지게 될 것이다. 당신의 마음을 옭아매던 후회, 상처, 두려움의 힘이 산산이 깨지고 무너지기를 기도한다.

패배감에 눌린 영혼들을 위한
용서와 은혜의 푸른 하늘이 분명 존재한다.
그 하늘은 무한하고 자유롭다.
하나님은 우리가 자유를 누리기를 바라신다.

고통과 슬픔을 겪으면서 나는
하나님의 반직관적인 길이 무엇인지 배웠다.
약함이라는 길을 통해 가장 큰 강함이,
방황이라는 길을 통해 가장 높은 지혜가,
슬픔이라는 길을 통해 가장 짙은 기쁨이,
의심이라는 길을 통해 가장 깊은 예배가 나온다.

하나님께 훈련받는 사람의 영혼은
트레이너에게 훈련받는 사람의 근육과도 같다.
우리 영혼은 한계에 다다를 때마다
고난을 견뎌 내는 동시에
하나님을 즐거워하는 능력이 더욱 강해진다.

참된 말을 '공감'과 '이해'와 '사랑' 안에서 전하면
상대방이 받아들이고 소화시키기가 쉽다.

깊숙이 곪은 마음,
나을 수 있을까?

작년은 참으로 힘든 한 해였다. 내가 이 글을 쓰는 지금, 2020년이 마침내 막을 내렸다. "2020년이 향초라면"(If 2020 Were a Scented Candle)이라는 제목의 짤이 유행처럼 번지고 있다. 나란히 붙은 다섯 개의 간이화장실이 모두 활활 불타고 있는 모습은 [독한 냄새가 한껏 뿜어져 나오는-편집자] 이 어마어마했던 한 해를 가장 잘 요약하고 있지 않나 싶다. 코로나19 팬데믹, 치솟은 실업률, 기록적인 수치에 이른 고독지수·우울증·가정 폭력·사망률, 텅 빈 경기장과 교회, 한때 북적거렸으나 문을 닫은 식당과 쇼핑몰, 거리 폭동, 가정불화, 우리 마음속의 편견, 현대 역사상 가장 추악한 선거 운동……. 많은 이들이 세상의 기초가 뒤흔들린 것처럼 느끼고 있다.

우리 교인 60퍼센트 정도와 접촉이 끊기면서 내 기초역시 뒤흔들렸다. 코로나19라고 부르는 전염성 강하고 치명적인 바이러스가 전 세계적으로 창궐한 만큼, 사람들이 교회에 나오지 못하는 상황임은 이해한다. 하지만 막상 수많은 교인과의 접촉이 끊어지니 목사라는 이 자리가 더더욱 외롭고 힘들게 느껴졌다.

이 팬데믹이 시작되기 '이전'에 유명한 교회 연구가 톰

레이너는 "교인들을 만족시키려면 목사는 몇 시간을 일해야 할까?"라는 제목의 논문을 발표했다. 그는 설문 대상에게 목사들이 기도, 설교 준비, 아웃리치, 상담, 심방, 행정 업무 등에 몇 시간을 투자하는 것이 적정한지를 물었다. 답변 결과는 무려 일주일에 114시간이었다.[1]

팬데믹이 닥치자 목사들의 업무량은 크게 늘었다. 자원봉사자가 줄었고, 모든 사역이 온라인으로 바뀌면서 할 일이 더더욱 늘어났기 때문이다. 팬데믹이 기승을 부리면서 사람들의 분노도 커져만 갔다. 믿음과 소망과 사랑을 추구하는 모습은 온데간데없고 정치적 논쟁만 들끓었다. 많은 기독교인이 지지 정당의 강령을 자신의 교리로, 정치 전문가들을 자신의 선지자로, 정치인들을 자신의 예수로 삼고 있다. 분노 수치는 전에 없이 높아졌다. 혼란에 빠져 어찌할 바를 모르는 이들이 도처에 널려 있다.

이런 분위기에서 목사들을 향한 비판의 목소리는 날로 높아졌다. 어쩌면 보복당할 위험 없이 스트레스를 풀 곳이 마땅치 않아서인지도 모른다. 몇 주 전 불만을 잔뜩 품은 한 익명의 교인에게서 당장 목회를 그만두고 다른 일거리나 찾아보라는 편지를 받았다. 양들도 때로는 심하게 문다.

특히, 익명의 양들은 보통 무서운 게 아니다. 목사들은 익명의 편지를 읽지 말아야 한다는 말도 있다. 하지만 팬데믹으로 인한 봉쇄, 사회적 거리두기로 고립되면 그런 편지라도 읽지 않을 수가 없다. 기분 나쁜 접촉조차도 아예 접촉이 없는 것보다는 반갑게 느껴지기 때문이다.

시간이 흘러 톰 레이너는 "목사가 목회를 그만두기 직전인 여섯 가지 이유"라는 글을 썼다. 그가 전에 썼던 글에서 언급한 이유 외에 팬데믹으로 인한 개인적 피로, 재정에 대한 스트레스, 교인 이탈로 인한 낙심, 코로나 대응 방안을 둘러싼 교인 사이의 언쟁 등이 포함되었다. 그중에서도 큰 이유는 외로움과 버림받은 기분이었다. "친구의 절반 이상이 연락을 끊었다고 상상해 보라. 목사들은 지칠 대로 지쳐 있다. 많은 목사가 목회를 그만두기 직전이다."[2]

목사에게 교인들은 고객이나 기부자가 아니다. 친구요, 나아가 식구다. 올해 들어 대부분의 교회가 비대면 예배로 전환하면서 나는 교인들의 얼굴보다 카메라를 볼 때가 훨씬 많아졌다. 교인들은 집에서 예배를 드리고 설교를 들으면서 나를 볼 수 있지만 나는 그들을 보지 못한다. 그런데 교인들은 이 점을 잘 인식하지 못한다. 나는 교인들이 그립다. 일방적인 말, 일방적인 몸짓, 일방적인 사랑 표현을 계속해서 하다 보면 외로움이 사무친다.

많은 목회자가 목회를 그만둘 것처럼 보이지만 나는 그럴 마음이 눈곱만큼도 없다. 내 경우에는 다행히도 독한 제스처보다 따스한 제스처를 50배는 많이 경험한다. 분노를 담은 익명의 편지는 격려하는 편지에 비하면 매우 드물다. 빨리 함께 다시 모일 날을 고대하는 교인들에게서 감사 메시지를 담은 편지를 족히 수백 통은 받았다. 우리 교인 대부분은 영혼을 더 건강하게 하는 말을 즐겨하며 편지에 항상 이름을 밝힌다.

혹시 당신이 최전선에서 교인들을 섬기느라 지치고 낙심한 목사(혹은 교육자나 행정가, 의료인, 식당 종사자 등 중요한 일꾼)인가? 일부러 상처를 주려고 쓴 익명의 편지를 받았는가? 시어도어 루스벨트가 1910년에 쓴 이 글이 내게는 큰 도움이 되었는데, 당신에게도 도움이 되었으면 좋겠다.

비판자는 중요하지 않다. 강한 사람이 어떤 식으로
실패하는지, 어떻게 하면 더 잘할 수 있었는지 지적하는
사람은 중요하지 않다. 실제로 경기장에서 뛰며 얼굴이

먼지와 땀과 피로 얼룩진 사람, 용감하게 싸우는 사람, 그러다 실수하는 사람, 계속해서 실패하는 사람이야말로 중요한 사람이다. 실수와 부족한 점 없는 노력은 없기 때문이다. 실제로 행동하기 위해 분투하는 사람, 큰 열정을 갖고 헌신하는 사람, 가치 있는 대의에 자신을 쏟아붓는 사람, 노력한 자가 결국 성공한다는 사실을 알고 실패하더라도 최소한 담대하게 시도하다가 실패하는 사람이 중요하다.[3]

왜 이렇게 힘든 일이 한꺼번에?

올해 나는 어머니를 하늘나라로 보내 드렸다. 10년간 알츠하이머병으로 몸이 쇠약해진 끝에, 환자 가족들이 "긴 작별인사"라고 부르는 투병의 시간이 끝이 났다. 어머니가 돌아가실 때 나는 눈물 한 방울 흘리지 않았다. 어머니를 사랑하지 않아서가 아니라, 지난 10년간 더 울 수 없을 만큼 슬픔을 많이 겪었기 때문이다. 어머니가 돌아가실 즈음에는 눈물은 마르고 어머니를 하나님의 품으로 보내 드릴 마음의 준비가 되어 있었다. 알츠하이머병에 관해 좋게 말할 거리라고는 단 하나도 없다. 아니, 좋게 말하고 싶지도 않다. 알츠하이머병은 잔인하고 심신을 쇠약하게 만들고 생명력을 갉아먹는 질병이다.

최근 전문 상담을 받은 적이 있다. 그 자리에서 내 삶과 나 자신에 관한 불편한 진실들이 드러났다. 카운슬러는 내 치료 과정에 트라우마 전문가를 포함시킬 것을 추천했다. 진단을 받아 보니 나는 겉으로 보이는 것만큼 온전하지 못했다. 겉으로 보이는 내 삶은 건강한 신체, 사랑스러운 아내, 예쁜 두 딸, 우리 가족에게 사랑을 쏟는 교인들, 너무도 좋은 친구들, 만족스러운 사역으로 이루어져 있다.

하지만 이 멋진 삶의 커튼을 한 겹 걷고 그 이면을 보면 자신을 믿지 못하고 두려움에 떠는 한 작은 남자가 나타난다. 그의 이야기는 앞서 언급한 고통스러운 현실들을 포함하고 있다. 나는 망가진 구석이 많은 초라한 죄인에 불과하다. 머리에 심각한 금이 가서 안타깝게도 치료가 필요한 상태다. 우리가 만나는 모든 사람은 남모를 전투를 힘겹게 벌이고 있다.

지난해는 마치 무거운 짐을 진 것처럼 너무도 힘겨웠다. 가끔 나도 모르게 한숨이 터져 나온다.

'도대체 왜 이런 일이?'

'왜 이렇게 힘든 일이 한꺼번에?'

당신도 같은 심정이지 않은가?

나는 편안한 삶에 익숙한 미국인이다. 그래서 내 안팎의 세상이 내 기대대로 흘러가지 않을 때 쉬이 냉소와 우울, 신세한탄에 빠진다. 내가 마시는 문화적 공기는 삶은 태평하고 예측 가능해야 한다는 비현실적인 기대를 품게 만든다. 평생 세상의 소수 특권층으로 살다 보니 건강, 무엇을 얼마나 먹을지 결정할 수 있는 능력, 고등교육, 육체적 안전, 사회적 인간관계망, 깨끗한 물, 필요한 것뿐 아니라 원하는 것을 누릴 수 있는 능력 같은 호사가 마치 당연한 권리처럼 느껴졌다.

나는 먼저 떠나보낸 내 자식을 묻어 본 적이 없고 전 재산을 도난당해 본 적도 없다. 내가 가진 신앙을 지키기 위해 폭력이나 굶주림, 가난, 오랜 실직, 테러 공격을 감당해 본 적이 없다. 인신매매나 납치를 당해 본 적도, 한겨울에 한데서 잠을 자거나 교도소에서 지내 본 적도 없다. 나는 부유한 백인 미국인 남성이다. 그렇다 보니 내심 내 삶은 늘 편안할 것이라고 기대하기 쉽다.

그러나 사실 나는 오랫동안 과거에 겪은 배신과 상처를

무시하며 살아왔다. 쉰세 살이 되어서야 카운슬러의 도움으로 이러한 상처를 다루고 있다. 도움을 구하기에 너무 늦은 때란 없다. 편안한 삶을 기대하는 동시에, 다른 한편으로는 트라우마를 부인하다 보니 타락한 세상에서 온전한 삶을 살기가 영 힘들다.

지난 주일, 우리 교회의 한 장로님이 대표기도에서 이런 고백을 했다. "주님, 올 한해는 파괴와 고립과 혼란과 질병과 죽음이 가득했습니다. 이 상황에서 벗어나기를 간구합니다. 하지만 우리 마음의 회복 없이 그렇게 되기를 원치는 않습니다."

마음을 회복시키는 메시지들은 대개 고통을 통해 가장 크게 들려온다. C. S. 루이스는 이렇게 말했다. "고통은 끈덕지게 관심을 요구한다. 하나님은 즐거움 속에서는 우리를 향해 속삭이신다. …… 하지만 고통 속에서는 우리를 향해 외치신다. 고통은 귀먹은 세상을 깨우는 하나님의 확성기다."[4]

그런 메시지 중 하나는 세상이 우리의 궁극적인 집이 아니라는 것이다. 우리가 세상을 궁극적인 집으로 만들려고 아무리 노력해도 이 땅은 우리의 낙원이 되기를 한사코 거부한다. 우리 스스로 천국을 만들어 낼 수는 없다. 천국은 오직 주어지는 것이요, 받는 것이기 때문이다. 이 진리를 받아들일 때 우리 마음이 회복될 수 있다.

고통이라는 하나님의 확성기를 통해 깨어나면, 가꿀 만한 가치가 있는 중요한 것들에 관심을 다시 집중할 수 있게 된다. 다시 말해, 가족 및 친구들과의 관계, 몸과 마음을 건강하게 하는 리듬과 습관, 몸담은 일터와 교회 그리고 이웃에 대한 겸손한 섬김, 무엇보다도 하나님의 성품과 약속, 미래에 깊이 뿌리내리는 노력에 집중할 수 있다. 우리가 고단함 가운데 있을 때에 자비가 그 모습을 드러낸다.

많은 영혼들은 대개 고통에도 불구하고가 아니라 고통 때문에 위대해질 수 있었다. 윌리엄 쿠퍼는 우울증에 시달리며 자살을 고민하던 중에 희망의 찬송가를 썼고, 반 고흐도 같은 상황에서 세기의 역작들을 그려 냈다. 찰스 스펄전은 의기소침한 상태에서 최고의 설교들을 전했다. 에이브러햄 링컨, 윈스턴 처칠, 마틴 루터 킹도 우울함과 싸웠다. 루드비히 판 베토벤은 귀가 먼 상태에서 불후의 명곡을 남겼다. C. S. 루이스는 짧은 결혼 생활 끝에 암으로 사랑하는 아내를 떠나보냈다. 빅터 프랭클, 엘리 비젤, 코리 텐 붐은 홀로코스트〔제2차 세계대전 시 나치 독일이 저지른 유대인 대학살-편집자〕를 겪었다. 앤 보스캠프는 친자매를 잃었다. 조니 에릭슨 타다는 불의의 사고로 걷지 못하게 되었다. 크리스틴 케인은 학대를 당했다. 팀 켈러는 암에 걸렸다.

슬픔 전문가 엘리자베스 퀴블러 로스는 이렇게 말했다. "우리가 아는 가장 아름다운 사람들은 패배를 알고, 고통을 알며, 몸부림을 알고, 상실을 알고, 나락에서 빠져나오는 길을 찾은 사람들이다. 그들은 감사할 줄 알고, 민감하며, 삶에 대한 이해 또한 갖고 있다. 그래서 그들에게는 긍휼과 온화함과 깊은 사랑의 관심이 가득하다. 아름다운 사람은 저절로 만들어지지 않는다."[5]

"아름다운 사람." 우리가 존경하는 사람, 세상을 좋게 변화시키는 사람, 우리가 좋아하는 사람, 우리가 닮고 싶어 하는 사람. 이런 사람은 저절로 만들어지지 않는다.

아름다운 사람은 저절로 만들어지지 않는다는 사실은 성경에서도 확인할 수 있다. 욥은 하루아침에 열 명의 자식, 아내의 사랑, 재산, 평판을 모조리 잃었다. 모세는 말을 더듬었다. 야곱은 다리를 절었다. 사라는 불임이었다. 다말과 밧세바는 능욕을 당했다. 다윗은 아들에게 배신을 당했다. 호세아의 아내는 라합처럼 매춘에 빠져들었다. 룻은 꽃다운 나이에 사별했다. 모르드개는 조롱과 위협을 당했다. 예레미야와 엘리야는 우울증에 시달렸다. 기드온과 도마는 하나님을 의심했다. 마리아와 요셉은 공포정치를 피해 달아났다. 마리아와 마르다는 친오빠를 일찍이 땅에 묻었다. 요한 마가는 바울에게 거부를 당했다. 베드로는 자신을 혐오했다.

그리고 예수님은 슬퍼 우셨다.

성경을 읽을 때 구약과 신약의 많은 책이 노예로 전락하고 피난처를 찾고 감옥에 갇히고 핍박을 받는 등 온갖 고난을 당한 이들의 손을 거쳐 탄생했다는 사실을 놓치지 말아야 한다.

아름다운 사람은 저절로 만들어지지 않는다.

그리고……

때로 가장 깊고도 참된 믿음은 승리라기보다 패배처럼 느껴진다.

많은 기독교인이 지지 정당의 강령을 자신의 교리로,
정치 전문가들을 자신의 선지자로,
정치인들을 자신의 예수로 삼고 있다.
분노 수치는 전에 없이 높아졌다.
혼란에 빠져 어찌할 바를 모르는 이들이
도처에 널려 있다.

우리가 세상을 궁극적인 집으로 만들려고 아무리 노력해도
이 땅은 우리의 낙원이 되기를 한사코 거부한다.
우리 스스로 천국을 만들어 낼 수는 없다.
천국은 오직 주어지는 것이요, 받는 것이기 때문이다.
이 진리를 받아들일 때 우리 마음이 회복될 수 있다.

프롤로그 3

종교와 자존감,
그 피곤하고 무익한
미로 속에서

시련을 통해 좋은 성품을 얻은 아름다운 한 사람을 소개하고 싶다. 선지자 이사야. 그를 당신에게 소개하게 되어서 큰 영광이다.

이사야는 유명한 예언서 여섯 번째 장에서 웃시야왕이 죽던 해에 하나님이 자신에게 나타나신 이야기를 전한다(사 6:1). 웃시야왕의 죽음은 작은 사건이 아니었다. 그는 수십 년간 태평성대를 이룬 보기 드문 지도자였다. 하지만 그가 죽던 해에 이스라엘은 암울한 전환점을 맞았다. 번영을 구가하던 이스라엘은 앗수르의 압제 아래 들어갔다. 신흥 초강대국 앗수르는 하나님 백성들의 소국(小國)을 침공하여 병사들을 죽이고 여성들을 공격하고 아이들을 노예로 삼고 재산을 약탈하며 땅을 황폐하게 만들었다.

사람들은 웃시야왕이 다스리던 시절을 추억하며 이스라엘의 전성기는 갔다는 패배감에 젖어 살았다. 한때 찬란하게 빛나던 세상이 불과 몇 달 사이에 칠흑같은 어둠으로 돌변했다. 해가 다시 떠오를 기미는 전혀 보이지 않았다.

웃시야왕이 죽은 뒤의 상황은 이토록 참담했다. 하지만 이사야서를 보면 이사야의 가장 깊은 고통은 외부 세상보다는 그의 내면에서 비롯한 것임을 확인할 수 있다. 카운슬러(counselor)가 무의식에 묻혀 있는 트라우마를 밝혀 낼 수 있는 것처럼, "기묘자 …… 모사〔Wonderful Counselor〕"(사 9:6)이신 하나님과의 만남은 이사야의 마음 깊은 곳의 진정한 상태를 드러냈다.

이사야는 높이 들린 보좌에 앉으신 하나님을 본 경험을 기록했다. 하나님의 옷자락은 온 성전을 가득 채우고 있었다. 하나님 위로는 천사들이 도열해 있었다. 그들 모두는 도덕적으로 완벽한 생명체이면서도 하나같이 얼굴을 가리고서 이렇게 외치고 있었다.

"거룩하다 거룩하다 거룩하다 만군의 여호와여."

그 소리에 성전이 흔들리고 연기가 가득 찼다.

이에 이사야는 자신을 저주하며 말했다. "화로다 나여 망하게 되었도다 나는 입술이 부정한 사람이요 나는 입술이 부정한 백성 중에 거주하면서 만군의 여호와이신 왕을 뵈었음이로다"(사 6:1-5).

소중한 지도자의 죽음, 뒤이은 무시무시한 군사 침공, 나라를 빼앗긴 설움……. 웃시야왕이 죽던 해 이사야의 상황은 오늘날의 팬데믹 상황 이상이었다고 짐작할 수 있다. 하지만 이런 외적 세상의 무게도 하나님의 거룩하심의 무게에 비하면 아무것도 아니었다. 하나님의 거룩하심 앞에서 이사야는 완전히 무너져 내렸다. 이사야만 이런 경험을 한 것은 아니었다. 하나님을 본 사람들은 하나같이 두려움에 떨었다. 자신이 상상한 하나님이 아닌 그분의 진짜 모습을 보는 일은 상상을 초월했다.

의인이었던 욥은 하나님을 만나고서 이렇게 말했다. "내가 주께 대하여 귀로 듣기만 하였사오나 이제는 눈으로 주를 뵈옵나이다 그러므로 내가 스스로 거두어들이고 티끌과 재 가운데에서 회개하나이다"(욥 42:5-6).

마노아는 하나님을 엿보고서 아내에게 이렇게 말했다. "우리가 하나님을 보았으니 반드시 죽으리로다"(삿 13:22).

하나님의 영광이 나타나자 목자들은 "크게 무서워"(눅 2:9)했다.

무수히 많은 물고기가 잡히는 기적을 통해 예수님이 자신의 권세를 살짝만 드러내셨는데도 시몬 베드로는 겁에 질려 엎드렸다. "주여 나를 떠나소서 나는 죄인이로소이다"(눅 5:8).

하나님은 우리가 이런 식으로 반응한다고 해서 나무라시지 않는다. 하나님을 너무 진지하게 받아들이는 게 문제가 아니라, 그분을 충분히 진지하게 받아들이지 않는 게 문제다.

애니 딜라드는 경외감이 없는 무미건조한 주류 기독교를 꼬집은 글에서 하나님의 두려운 측면을 잘 보지 못하는 우리의 경향을 한탄하고 있다. "카타콤 밖에서 나는 상황을 제대로 파악하고 있는 그리스도인을 별로 보지 못했다. 우리가 아무 생각 없이 요청하는 힘이 어떤 종류의 힘인지 조금이라도 생각해 보는 사람이 있는가? 혹시 아무도 그 힘을 믿지 않는 것은 아닐까? …… 여성용 밀짚모자와 벨벳 모자를 쓰고 교회에 가는 것은 미친 짓이다. 모두 보호 헬멧을 써야 한다. 안내위원들은 교인들에게 구명구와 신호탄을 나눠 주고 좌석에 단단히 묶어야 한다."[1]

하나님의 거룩하심은 성경에서 '세 번 반복해 언급하는' 하나님의 유일한 속성이다. 하나님은 단순히 '거룩하신' 분이 아니라 '거룩하시고 거룩하시고 거룩하신' 분이다. 성경에 어떤 표현이 반복해서 나올 때는 문장 끝에 굵은 느낌표 여러 개가 붙은 것을 상상하면 된다. 성경의 언어에서 반복은 언제나 강조하는 의미를 담고 있다.

다윗왕은 싸늘한 주검으로 변해 버린 아들을 보면서

"압살롬아 압살롬아"라고 흐느꼈다(삼하 19:4). 예수님은 쉬지 못하는 마르다가 안타까워 "마르다야 마르다야"라고 부르셨다(눅 10:41). 예수님은 그분을 부인한 자들이 그분의 품 안으로 돌아오기를 바라는 심정을 담아 "예루살렘아 예루살렘아"라고 한탄하셨다(마 23:37). 두 번의 반복은 언제나 마음의 깊은 동요를 의미한다. 하지만 거룩하신 하나님에 대한 세 번의 반복이 나타날 때는 지축이 흔들린다.

물론 딜라드는 실제로 밀짚모자와 벨벳 모자를 쓴 사람들을 비난한 것이 아니다. 뭔가 더 중요한 이야기를 하고 있다. 그의 말처럼, 어쩌면 보호 헬멧을 쓰고 교회에 가는 것이 더 적절할지도 모른다.

이사야가 본 환상에서 천사들이 도덕적으로 완벽한 존재였다는 점을 놓치지 말자. 하지만 완벽한 그들조차 하나님을 보고서는 얼굴을 가렸다. 얼굴을 가리는 것은 자신의 부족함을 느낄 때 반사적으로 나오는 반응이다. 그들은 왜 그토록 자신들을 부족하게 여겼을까? 하나님은 거룩하시며, 그것은 그분이 완벽한 천사들을 포함한 모든 만물 중에 "최상"(superlativeness)이라는 뜻이기 때문이다.[2] 하나님의 거룩하심은 그분의 놀랍고 완벽하고 기이하고 위대하고 드높은 모든 속성의 총합이다.

인간의 그 어떤 트로피와 지위도 하나님 앞에서는 빛이 바랜다. 인간의 그 어떤 힘과 성과도 하나님 앞에서는 미미하게 보일 뿐이다. 아무리 높은 인간의 자리도 하나님 앞에서는 비천할 뿐이다.

이사야가 그토록 비통해한 이유가 자신의 입술이었다는 점이 주목할 만하다. 선지자가 자신의 입술을 저주한 것은 학자가 자신의 지성을, 육상선수가 자신의 다리를, 외과의사가 자신의 손가락을, 가수가 자신의 성대를 저주한 것과도 같다. 다시 말해, 전혀 뜻밖의 일이다. 세상에 누가 자신의 가장 큰 강점을 혐오하겠는가? 하지만 하나님의 거룩하심 앞에서 우리가 삶의 가장 강한 기초로 삼는 것들(이사야의 경우에는 자신의 입술)은 우리의 영광이 아닌 하나님의 영광으로 가득한 지구 전체와 함께 흔들린다.

매년 가을이면 수많은 신입생들이 하버드대학교에 입학한다. 그중 상당수가 고등학교에서 졸업생 대표를 맡았고, 대부분 대학입학시험에서 만점 혹은 만점에 가까운 점수를 받은 학생들이다. 전 세계에서 가장 뛰어나다는 이 학생들은 자기 반은 물론이고 학교에서 수석을 놓친 적이 없다. 집 안 곳곳에 그 사실을 증명하는 상장과 트로피가 가득하다. 하지만 그들 중 절반은 대학교에 입학하자마자 새롭게 만난 학우들에 비해 자신이 더 이상 특별하지 않다는 사실을 발견하면서 위기를 겪는다. 졸업생 대표를 맡고 만점으로 하버드대학교에 들어간 학생들 가운데 절반은 불가피하게 이제 학교 하위 그룹에 속해야 한다.

설교자의 입술을 가진 이사야처럼 많은 사람이 자신이 최고라는 환상 속에서 살고 있다. 상대적인 성공을 거두면 자신은 여느 사람과 다른 특별한 존재라고 착각할 수 있다. 하지만 자신이 위대하다는 환상은 언젠가는 깨질 날이 오고야 만다. 반드시 우리는 어느 순간 자신의 분수를 깨닫게 하는 우월성을 마주하게 된다. 항상 승리만 하던 사람이라도 언젠가는 노쇠해서라도 무너진다.

미국의 제10대 대통령이 누구인지, 그래미상을 가장 많이 수상한 사람은 누구인지, 종이를 누가 발명했는지 아는 사람이 얼마나 될까? 백 년 안에 70억 세계 인구 중 대부분이 잊힐 것이다. 소위 유명인들도 마찬가지다. 우리 손주의 손주는 우리가 살면서 무엇을 이루었는지를 알기는커녕 우리 이름을 들어 보지도 못할 것이다. 백 년 뒤엔? 세상은 완

전히 새로운 사람들로 가득할 것이다.[3]

"주님, 이 죄인을 불쌍히 여기소서"

이렇게 종교와 도덕성을 통해 자존감을 얻으려는 시도는 더 큰 문제를 낳는다. 우리가 아무리 선하게 살았고 하나님과 다른 사람들을 위해 무엇을 했든 상관없이 우리보다 상대적으로 선해 보이는 사람이 항상 있기 마련이다.

〈버크셔 이글〉(Berkshire Eagle)의 한 기사에 따르면 존 모리츠·리비 모리츠 부부는 교통사고로 세 자녀를 한꺼번에 잃었다. 이 부부가 그 엄청난 슬픔을 이겨 내기 위해 선택한 방법은 어려운 아이들을 위한 비영리단체를 세우는 것이었다. 그들은 멕시코와 그레나다의 고아원들을 후원하고, 케냐와 인도 학생들에게 장학금을 주며, 필리핀의 기아 퇴치에 힘을 보태고, 과테말라에서 신발을 나누어 주었다. 또한, 거대한 농장을 사서 고아원으로 개조하기도 했다. 구제 사역에 자신의 돈을 아낌없이 쏟아부었다. 존이 수영장 사업을 하는 여름을 제외한 나머지 기간에는 부부가 후원하는 시설들을 방문했다.

그런데 모리츠 부부에 관한 기사는 사람들에게 "약간의 죄책감을" 주기 시작했다. "물론 모리츠 부부가 남들에게 죄책감을 주려고 했던 것은 아니다. 단지 우리의 선행을 이 부부와 비교하면 부족함을 느낄 수밖에 없을 따름이다."[4]

플레밍 러틀리지는 그리스도의 성육신과 재림에 관한 탁월한 책에서, 사치스럽게 살면서도 자신이 독실한 신자임을 자랑스러워하는 한 여성을 소개한다. 이 여성은 "하나님은 내가 마더 테레사처럼 되는 것까지는 원하시지 않아"라는 말로 죄책감을 털어 냈다. 이에 러틀리지는 이렇게 반응한다. "이렇게 하면 정말로 아무 문제 없는가? 당신과 내가 심판의 날 이렇게 말한다고 상상해 보라. '아, 주님, 제가 1996년 11월에 시리얼 상자 하나와 땅콩버터 한 통을 세인트존스교회 구제함에 놓았습니다.' 바바라 핌 소설 속 인물 대사처럼 '선행의 문제점은 죽을 때까지도 자기 몫의 선행을 다했노라 말할 수 없다는 것이다.[5] 우리가 할 수 있는 말은 '주님, 이 죄인을 불쌍히 여기소서'뿐이다."

러틀리지는 계속해서 말한다. "충분히 했다고 자축하는 사람은 충분히 하지 못한 사람이 분명하다. 스스로 안전하다고 생각하는 사람은 가장 위험한 사람이다. 심판대 앞에

선 자신을 생각하며 떠는 사람은 자신이 천사들과 어깨를 나란히 한다고 생각하며 만족하는 사람보다 천국에 더 가까이 있다. …… 그 어떤 인간의 공로로도 구원을 받을 수 없다."[6]

예수님은 이렇게 말씀하셨다. "나더러 주여 주여 하는 자마다 다 천국에 들어갈 것이 아니요 다만 하늘에 계신 내 아버지의 뜻대로 행하는 자라야 들어가리라 그 날에 많은 사람이 나더러 이르되 주여 주여 우리가 주의 이름으로 선지자 노릇 하며 주의 이름으로 귀신을 쫓아내며 주의 이름으로 많은 권능을 행하지 아니하였나이까 하리니 그 때에 내가 그들에게 밝히 말하되 내가 너희를 도무지 알지 못하니 불법을 행하는 자들아 내게서 떠나가라 하리라"(마 7:21-23).

후회, 상처, 두려움에 지친 목소리들을 구속하기 위한 책에서 두려움을 자아내는 이런 이야기와 글이 어울리는가? 이런 이야기와 글은 우리의 지친 영혼을 달래 주기는커녕 더 힘들게 만드는 것 아닌가?

자, 패배감에 젖어 있다면 더 좋은 길이 있다는 말을 해 주고 싶다. 더 잘해야 한다는 종교의 길과 더 나은 사람이 되어야 한다는 자존감의 길은 피곤하고 무익한 미로다. 이 미로에서 탈출할 방법이 분명 있다.

'마음'이라는 큰 산을 옮기는 법

이사야 이야기로 돌아가 보자. 하나님의 거룩하심의 극치 앞에서 견딜 수 없는 굴욕감을 느낀 선지자. 성전의 기초와 설교단, 삶 자체가 뒤흔들리는 경험. 그는 자신의 가장 선한 행위조차 더러운 옷에 불과할 뿐이라는 사실을 깨닫는다(사 64:6). 자신의 덕과 명성과 은사를 자랑하는 목소리가 쑥 들어간다.

그 후에 거룩하시고 거룩하시고 거룩하신 하나님은 새로운 자존감으로 이사야를 회복시키기 시작하신다. 이제 이사야는 자기 안에서 가치를 찾을 수 없다. 그 가치는 외부에서 와야만 한다. 이름은 거룩함이요 본질은 사랑이신 하나님이 그에게 값없이 가치를 부여해 주신다.

이사야가 죽을 각오를 했을 때 한 천사가 제단에서 불타는 숯을 들고 다가와 그의 불결한 입술에 댄다. 하나님의 맹렬한 불이 이사야의 수치의 근원에 직접 닿는다. 하지만

이 불은 그의 입술을 태우지 않는다. 이 불은 그를 잿더미로 만들지 않는다. 대신, 불이 귀금속을 정련하듯 그의 입술을 정화시킨다. 불순물을 녹여 유용하고 사랑스럽고 귀한 무언가로 빚는다.

이사야는 영광으로 성전을 가득 채우고 있는 하나님의 옷자락에 주목한다(사 6:1). 성경에서 옷자락이 등장하는 또 다른 곳이 있다. 이번에는 예수님의 옷자락이다. 그 옷자락에는 12년간 불치의 출혈로 고생한(혈루증) 여인을 위한 치유의 힘이 담겨 있었다. 여인은 의사들에게 전 재산을 투자했지만 아무런 소용이 없었다. 여인은 절박한 심정으로 예수님께 다가간다. 겹겹이 쌓인 군중의 벽을 뚫고 바닥에 엎드려 예수님의 옷자락을 만진다. 순간 예수님에게서 권능이 빠져나가고, 즉시 여인이 치유를 받는다. 예수님은 마지막 수단으로 그분께 찾아온 여인에게로 몸을 돌리시며 말씀하신다. "딸아 네 믿음이 너를 구원하였으니 평안히 가라"(눅 8:43-48).

"진실로 너희에게 이르노니 만일 너희에게 믿음이 겨자씨 한 알 만큼만 있어도 이 산을 명하여 여기서 저기로 옮겨지라 하면 옮겨질 것이요 또 너희가 못할 것이 없으리라"(마 17:20).

나는 예수님이 이 말씀을 하셨을 때 문자 그대로의 산을 말씀하신 것은 아니라고 생각한다. 지극히 작은 믿음으로도 옮길 수 있는 큰 산이 있다. 그것은 바로 인간의 마음이라는 산이다. 마지막 수단으로 예수님을 찾아갈 때, 다른 방법은 바닥난 상태에서 예수님의 옷자락을 향해 손을 뻗을 때, 마침내 "하나님, 이 죄인을 불쌍히 여기소서", "화로다 나여 나는 입술이 부정한 사람이요", "우리의 죄를 사하여 주옵시고"라고 기도할 때, 그때 비로소 이 산이 움직인다.

움직여야 할 가장 큰 산은 곤고하고 피곤한 인간의 마음이다. 이 마음은 더 손써 볼 여지가 없지 않는 이상 예수님께로 달려가지 않는다. 우리에게 필요한 것은 아무것도 없다. 그저 그분이 필요함을 인정하기만 하면 된다.[7]

하나님이 우리에게 가장 원하시는 것은 우리가 충분하지 못하다고 고백하는 것이다. 하나님은 우리가 내민 도덕 성적표를 신경 쓰시지 않는다. 하나님의 관심은 우리가 그분을 위해 무엇을 할 수 있는지가 아니라, 그분이 우리를 위해 무엇을 하실 수 있는지에 있다.

하나님은 우리에게서 최악의 모습을 보시고도 여전히 우리를 사랑하신다. 하나님의 거룩하고 끈질긴 시선, 우리의 가장 깊은 비밀과 가장 비열한 동기가 숨어 있는 골수를 꿰뚫어 보는 시선. 이 시선 앞에 우리의 실상이 훤히 드러나도 하나님은 우리를 거부하시지 않는다. 당신 삶에서 가장 믿을 만한 사람이 이것이 사실이라고 말한다면 믿겠는가? 그렇다면 당신의 삶이 변하겠는가?

아니, 당신이 변하겠는가?

자신을 미워하고 있는가

한밤중에 우리 교회 한 여자 교인에게서 전화가 왔다. 남편 리처드(가명)가 집에서 홀로 각종 마약과 술에 취해 있다고 했다. 나는 서둘러 차에 올라타 그가 있는 곳으로 향했다. 리처드는 인사불성인 채로 문을 열어 주었고, 우리는 일단 자리에 앉았다. 어떻게 지내냐고 묻자 그는 자신이 죽도록 밉다고 말했다. 그리고 하나님도 분명 자신을 미워할 것이라고 했다.

꼭 마약 중독이나 알코올 중독, 가정불화가 아니더라도

우리 역시 얼마든지 우리 자신과 하나님에 관해 이런 생각에 빠질 수 있다. 코맥 매카시의 *No Country for Old Men*(노인을 위한 나라는 없다)에 등장하는 군 보안관은 이렇게 말한다. "나이를 먹으면 하나님이 어떤 식으로든 내 삶 속으로 들어오실 줄 알았지. 하지만 그렇지 않더군. 하나님을 탓할 수는 없지. 나라도 나 같은 녀석을 그렇게 생각할 테니까 말이야."[8]

우리도 우리 자신을 두고 이렇게 말하며 고개를 숙인 채 겨우겨우 살아간다.

나는 리처드의 눈을 보며 그 나락의 순간에도 하나님은 절대 그를 미워하시지 않는다고, 그러니 그도 자신을 미워하지 말아야 한다고 말해 주었다. 그에게 건네는 조언은 나의 신성한 특권이었다.

"리처드, 가만히 생각해 보세요. 하나님이 무조건적으로 사랑하시는 자녀를 미워한다는 것은 너무도 비통한 일입니다."

리처드는 여전히 풀린 눈으로 나를 응시했다. 하지만 그에게서 내 말을 더 듣고 싶은 간절함이 분명히 느껴졌다. 나는 리처드에게 성전에서 하나님의 임재를 경험한 이사야, 불결한 입술, 한탄과 자기혐오, 숯 이야기를 들려주었다. 수치의 순간 우리를 소멸시키지 않고 정련과 정화를 통해 추악한 것에서 아름다운 것을 끌어내는 하나님의 불에 관해 말이다.

이어서 두 아들을 무조건적으로 사랑하는 아버지에 관한 예수님의 비유로 넘어갔다. 쾌락적이고 자기중심적인 탕자. 자신이 남보다 거룩하다고 생각하여 분개한 큰아들. 이 아버지는 이 둘을 모두 무조건적으로 사랑했다. 탕자는 버젓이 살아 있는 아버지에게 유산을 요구해서 집안 망신을 시키고 재산 중 절반을 허랑방탕하게 탕진한 뒤 결국 집으로 돌아왔다. 그런데도 탕자가 그 어떤 사과나 배상을 하기도 전에 아버지는 아들을 발견하자마자 긴 자기 옷자락(그렇다, 옷자락!)을 들어 올리고 아들을 향해 달려갔다. 완전히 무너져 자기혐오에 빠진 아들에게 달려가 뼈가 으스러지도록 꼭 안았다.

리처드는 애리조나 주까지 순순히 나를 따라왔다. 거기서 나는 그가 재활 시설에 입소하도록 도와주었다. 시간이 지나 그는 술과 마약을 끊고 아내와 자식들에게도 돌아왔으며, 나중에는 우리 교회의 장로가 되었다. 지금까지도 그는 그리스도의 양을 치는 최고의 목자로서 섬기고 있다. 그와 나란히 교인들을 섬길 수 있어서 얼마나 감사한지 모른다. 아름다운 사람은 저절로 만들어지지 않는다.

리처드는 더 이상 자신을 혐오하지 않는다. 자신이 최악의 상태일 때도 하나님이 자신을 사랑하기를 멈추지 않는다는 사실을 마침내 깨달았기 때문이다.

당신은 어떤가? 하나님이 당신을 미워하시지 않는다고 믿을 수 있겠는가? 하나님이 당신의 추악한 모습을 보셔도 당신을 조금도 덜 사랑하시지 않는다고 믿을 수 있겠는가? 지금 당신이 죄와 슬픔과 두려움을 고백하면 소멸당하는 것이 아니라 치유받는 것을 믿을 수 있겠는가? 하나님의 불타는 숯이 당신을 지옥에 내동댕이치는 위협이 아니라, 하늘의 중심에서 직접 나오는 치료제임을 믿을 수 있겠는가?

하나님이 당신이 그분 수준으로 최상의 상태(불가능한 일)일 때만 당신을 만나기를 기대하시지 않고, 그분의 옷자락이 닿는 밑바닥까지 내려와 당신을 만나 주신다는 사실을 믿을 수 있겠는가? 당신의 후회, 상처, 두려움, 결핍이 하나님의 치유하시는 은혜를 막는 장애물이 아니라, 오히려 그 은혜를 받기 위한 적절한 조건임을 믿을 수 있겠는가?

데인 오틀런드는 이런 말을 했다. 우리의 "가장 깊은 수치와 후회가 자리한 부분들은 하나님의 자비가 스쳐 지나가는 호텔이 아니라 하나님의 자비가 거하는 집이다. …… 우리의 죄는 〔하나님의〕 사랑을 식게 만들기는커녕 오히려 더욱 끓어오르게 만든다."[9]

당신이 그리스도인이라면 성찬의 빵과 포도주가 입술에 닿을 때마다 이사야가 경험한 불타는 숯을 떠올리기를 바란다. 그 빵과 포도주를 제단의 숯으로 받아들이라.

자신을 미워하고 있는가? 가만히 생각해 보라. 하나님이 무조건적으로 사랑하시는 자녀를 미워한다는 것은 너무도 비통한 일이다.

\-

인간의 그 어떤 트로피와 지위도
하나님 앞에서는 빛이 바랜다.
인간의 그 어떤 힘과 성과도
하나님 앞에서는 미미하게 보일 뿐이다.
아무리 높은 인간의 자리도
하나님 앞에서는 비천할 뿐이다.

\-

움직여야 할 가장 큰 산은
곤고하고 피곤한 인간의 마음이다.
이 마음은 더 손써 볼 여지가 없지 않는 이상
예수님께로 달려가지 않는다.

\-

당신의 후회, 상처, 두려움, 결핍이
하나님의 치유하시는 은혜를 막는 장애물이 아니라,
오히려 그 은혜를 받기 위한
적절한 조건임을 믿을 수 있겠는가?

프롤로그 4

쓰러진 자리에서
예수 옷자락을 향해
손을 뻗다

2007년 1월, "신동"과 "천재"라는 찬사를 받는 한 유명한 바이올리니스트가 350만 달러짜리 스트라디바리우스 바이올린을 들고 워싱턴 DC 지하철역에서 연주하기 시작했다. 연주자 이름은 바로 조슈아 벨이었다. 늘 세계적인 큰 무대에서 분당 천 달러를 받고 연주를 했던 그가 청바지와 티셔츠, 야구 모자 차림으로 신분을 숨긴 채 자신의 가장 좋은 악기를 꺼내 그날 그곳을 지나간 1,097명의 사람들을 위해 43분간 무료 연주회를 열었다.

그런데 당시 찍은 영상을 보면 겨우 그중 일곱 명만이 발걸음을 멈추고 연주에 귀를 기울였을 뿐이다. 또 다른 몇 명은 멈춰서 듣지도 않고 돈만 내고 갔다. 그렇게 총 스물일곱 명에게서 모인 이른바 관람료는 총 32달러에 동전 몇 푼이 전부였다. 나머지 1,070명은 무슨 일이 벌어지는지도 모른 채 그저 바삐 지나갔다.[1]

우리는 바로 코앞에 있는 아름다움도 얼마나 쉽게 놓치는지 모른다.

때로 우리는 다른 곳을 보느라 아름다움을 놓치곤 한다. 내가 어릴 적에 부모님은 내게 그랜드캐니언을 보여 주기 위해 장장 800킬로미터를 차로 달리셨다. 하지만 어렸던 나는 도착한 뒤에도 대협곡을 구경하지 않겠다며 차에서 내리기조차 완강히 거부했다. 단지 두 가지 이유였다. 첫째, 토요일 아침에 만화영화들을 보지 못하고 한낱 협곡을 보러 간다는 사실에 뿔이 나 있었다. 둘째, 당시에는 내가 가져온 만화책이 협곡 따위보다 더 재미있어 보였다.

어머니는 몇 번 나를 설득했지만 끝까지 강요하지는 않으셨다. 대신 나 없이 세 시간 동안 두 분이 경치를 즐기셨다. 아버지가 어머니에게 이렇게 말씀하셨던 것이 희미하게 기억난다. "언젠가는 후회할 거야. 그게 벌이지."

덜 좋은 것들을 위해서 가장 좋은 것을 놓칠 때가 얼마나 많은가! 우리는 놀라운 것을 거부하고, 따분한 것을 선택한다. 모험을 마다하고, 안전하고 억제되고 통제 가능한 것들을 선호한다. 아름다움을 보는 것 자체가 보상이다. 아름다움을 보지 못하는 것 자체가 벌이다.

나는 그 뒤로 아직까지도 그랜드캐니언에 가 본 적이 없다. 지금 와서 생각하면 아쉽기 그지없다. 그때 구경했으면 얼마나 좋았을까.

그런가 하면 슬픔 탓에 우리의 감각이 마비되고 마음이 냉담해져서 아름다운 것들에 별 감흥을 느끼지 못할 때도 있다. 고통으로 정신이 없는데 렘브란트의 그림이나 모차르트의 선율이나 아름다운 바다 경관이 다 무슨 소용인가. 삶이 엉망진창인데 사랑스러운 광경이 무슨 소용인가.

알베르 카뮈는 이런 말을 했다. "아름다움은 참을 수 없다. 아름다움은 항상 계속되었으면 하는 영원을 잠깐 엿보여 줌으로써 우리를 절망하게 만든다. 우울하게 만들지 않는 아름다움은 잘 상상이 가지 않는다."[2]

하루아침에 전 재산이 사라지고 열 자녀가 다 죽고 욥마저 병이 든 모습에 욥의 아내는 욥의 신앙을 조롱했다. "당신이 그래도 자기의 온전함을 굳게 지키느냐 하나님을 욕하고 죽으라"(욥 2:9).

우리 대부분은 욥과 그의 아내만큼 극단적인 고난을 겪지 않는다. 하지만 그렇다고 해서 우리의 전투가 조금이라도 덜 고통스러운 것은 아니다. 살다 보면 누구나 슬픔에 휩싸이는 경험을 하게 된다. C. S. 루이스는 많은 사람이 느끼지만 쉽게 입 밖에 내지 못하는 심정을 표현했다.

행복할 때, 너무 행복해서 〔하나님의〕 필요성을 느끼지 못할 때, 너무 행복해서 그분이 우리에 대한 소유권을 주장하시는 것이

간섭처럼 느껴질 때, 정신을 차려 감사와 찬송으로 그분께 나아가면 두 팔 벌려 환영받을 것이다. 혹은 그런 느낌을 받을 것이다. 하지만 그분이 절실히 필요할 때, 다른 모든 도움은 소용이 없을 때 그분께로 가면 무엇을 발견하게 될까? 눈앞에서 문이 꽝 닫히고 그 안에서 이중으로 빗장을 거는 소리가 들릴 것이다. 그 뒤에는 침묵이 흐를 것이다. 그러면 그냥 돌아가는 편이 낫다. 오래 기다릴수록 침묵은 더 강하게 느껴진다. …… 왜 그분은 우리가 번영할 때는 사령관으로서 수시로 나타나시더니 고난의 때에 도움이 필요할 때는 그토록 모습을 보이시지 않는 것인가?[3]

20대 중반에 하나님과 크게 한판 한 적이 있다. 일정이 있어 나갔다가 집에 돌아가는 중이라고 말하기 위해 집에 전화를 걸었다. 그런데 이상하게도 수화기 건너편의 "여보세요"라는 목소리는 아내가 아닌 낯선 10대 아이의 목소리였다.

"당신이에요?" 나는 어색하게 물었다.

"이 집 아주머니가 사고를 당하셔서 엄마가 병원에 모시고 가셨어요. 엄마가 돌아올 때까지 여기 있으라고 했어요."

"혹시 무슨 일이 있었는지 아니?"

"잘 모르겠어요."

당시는 휴대폰이 없던 시대였다. 아내와 연락할 방법도 없고 무슨 일이 있었는지, 얼마나 심각한 상황인지 알 수가 없어 곧바로 차로 달려가 운전을 시작했다. 그런데 원래 네 시간이면 충분한 거리가 지독한 교통체증 때문에 일곱 시간이나 걸렸다. 차에서 부글부글 속을 끓이던 나는 사랑이신 하나님, 만물을 주권적으로 다스리시는 하나님께 짜증 섞인 말을 퍼붓기 시작했다. 이성을 잃은 상태에서 내가 정확히 무슨 말을 했는지 여기서 밝혀 봐야 좋을 것이 없다. 그냥 욥의 아내가 하나님에 관해 욥에게 한 말보다 더 불경한 말이었다고만 해 두자.

흥분이 가라앉고 나니 두려움이 몰려왔다. 하나님이 번개, 아니면 더 무시무시한 것으로 나를 치지 않으실까 걱정되기 시작했다. 혹시 하나님이 구름을 뚫고 나타나 내 입을 꿰매고 나를 앉힌 뒤에 일장연설을 하시지 않을까? 고통 속에서 욥이 하나님을 무죄한 자의 절망도 비웃는 분이라고 일컬었을 때처럼 말이다(욥 9:23).

하나님은 욥을 위한 맞춤 폭풍우 속에서 이렇게 말씀

하셨다. "무지한 말로 생각을 어둡게 하는 자가 누구냐 너는 대장부처럼 허리를 묶고 내가 네게 묻는 것을 대답할지니라 내가 땅의 기초를 놓을 때에 네가 어디 있었느냐 네가 깨달아 알았거든 말할지니라 …… 트집 잡는 자가 전능자와 다투겠느냐 하나님을 탓하는 자는 대답할지니라 …… 네가 내 공의를 부인하려느냐 네 의를 세우려고 나를 악하다 하겠느냐 네가 하나님처럼 능력이 있느냐 하나님처럼 천둥소리를 내겠느냐"(욥 38:2-4; 40:2, 8-9).[4]

하나님은 번개로 나를 치시지 않았다. 내 입술을 꿰매시지도, 무시무시한 연설로 나를 꾸짖으시지도 않았다. 대신, 무사히 병원에 도착해서 안전하고 건강한 상태의 아내를 볼 수 있게 해 주셨다.

세상은 아름다운 동시에 끔찍하다. 더없이 좋은 최상의 상태일 때의 세상은 "존재와 지혜와 능력과 거룩함과 공의와 선하심과 진실하심이 무한하고 영원하고 불변하는 영이신"[5] 하나님을 일관되게 증언한다. 하지만 세상의 두려운 일들에 시달려 정신이 혼미해지면 값없이 우리에게 들려오는 음악을 놓치기 쉽다. 사람들의 비위를 맞춰야 하고, 정치인을 비판해야 하고, 중독의 갈망을 채워야 하고, 눈앞의 문제를 해결해야 하고, 팬데믹을 헤쳐 나가야 하는데 하나님께 신경 쓸 겨를이 어디 있는가. 하나님이 주신 삶이 불안정하고 곤고한데 하나님이 다 무슨 소용인가.

심지어 삶에 문제가 없어 보여도 하나님에 대해 무감각해질 수 있다. 우리는 가만히 내버려 두면 하나님을 분명히 보지 못하는 존재이기 때문이다. 워싱턴 DC 지하철역에서 울려 퍼지는 대가의 음악에 무관심했던 1,070명의 영혼들처럼 인간의 마음은 가만히 내버려 두면 만물의 주인이요 창조주께도 같은 반응을 보인다. 바로 코앞의 놀라움과 아름다움에 무감각한 채로 살아간다.

그래서 사도 바울은 성도들을 위해 간절히 기도했다. "우리 주 예수 그리스도의 하나님, 영광의 아버지께서 지혜와 계시의 영을 너희에게 주사 하나님을 알게 하시고 너희 마음의 눈을 밝히사 그의 부르심의 소망이 무엇이며 성도 안에서 그 기업의 영광의 풍성함이 무엇이며 그의 힘의 위력으로 역사하심을 따라 믿는 우리에게 베푸신 능력의 지극히 크심이 어떠한 것을 너희로 알게 하시기를 구하노라"(엡 1:17-19).

간단히 말해, 바울은 그들이(그리고 우리가) 하나님의 개입

과 도우심 없이는 볼 수 없는 것을 볼 수 있게 해 달라고 기
도했다.

고통 속에서 경험하는 하나님의 숨은 영광

우리는 하나님을 보기 전까지는 그분을 사랑할 수 없
고, 하나님이 성령을 주시기 전까지는 그분을 볼 수 없다
(요 3:1-8; 엡 2:1-10; 요 6:44). 놀랍게도 하나님은 우리에게 그분
의 영을 후히 부어 주신다. 그래서 우리 마음의 눈이 열려
우리의 감각으로 감지할 수 있는 영광뿐 아니라, 우리의 감
각으로 감지하기 힘들지만 분명히 실재하는 더 큰 영광, 곧
하나님의 영원한 영광을 보고 맛볼 수 있게 해 주신다. 그
런데 하나님의 숨은 영광은 인생의 아름다운 것들뿐 아니
라 고통 속에서도 의미 있게 나타난다.

삶과 사역 모두가 가시밭길이었던 사도 바울은 숨은 영
광을 분명히 이해하고 있었다. "우리가 환난 중에도 즐거워
하나니 이는 환난은 인내를, 인내는 연단을, 연단은 소망을
이루는 줄 앎이로다 소망이 우리를 부끄럽게 하지 아니함
은 우리에게 주신 성령으로 말미암아 하나님의 사랑이 우

리 마음에 부은 바 됨이니"(롬 5:3-5).

사람들이 나더러 '진짜 세상'에서 '진짜 힘든 사회생활'을 해 봤냐고 물을 때면 나도 모르게 실소를 터트린다. 한 번은 한 목사가 이런 질문에 보통 사람들이 평생 경험하는 것보다도 더 많은 진짜 세상을 한 주에 다 경험한다고 답하는 것을 들은 적이 있다. 그는 자신이 매주 돌봐야 하는 수많은 가정불화, 소원해진 부모 자식 관계, 재정 위기, 중독, 불륜, 죽음, 자살에 관해 이야기했다. 목사의 소명에서 이 부분은 실로 무겁다. 하지만 동시에 이것은 특권이다.

내가 이 말을 하는 것은 우리가 진짜 세상의 고난 속에서 땅바닥에 쓰러져 예수님의 옷자락을 향해 손을 뻗을 때만큼 하나님이 우리 눈을 열어 그분을 더 분명하게 보고 알게 해 주실 때도 없기 때문이다. 하나님이 이런 역사를 행하실 때 목사들은 맨 앞자리에서 구경할 따름이다.

얼마 전 한 어머니가 자살로 세상을 떠난 10대 아들의 1주기에 내게 편지를 보냈다. 그녀와 남편, 또 다른 아들에게 지독히 힘든 한 해였다. 하지만 놀랍게도 그녀의 편지는 말할 수 없는 슬픔 가운데서 그녀의 동반자가 되어 준 불변의 소망으로 가득했다. 그녀는 하나님이 "이 땅에서의 슬폼이 천국에서의 기쁨을 더 강하게 해 줄 뿐이라는" 소망을 주셨다고 말했다.

매일 그녀는 "테텔레스타이"라는 말이 새겨진 팔찌를 차고 다닌다고 한다. 이 말은 예수님이 십자가 위에서 외치신 말로, "다 이루었다"라는 뜻의 헬라어다. 그녀는 예수님의 신실한 신자였던 어린 아들이 정신이 약해진 순간 비극적으로 자살 충동에 굴복했지만, 그 아이가 죽기 전에 한 마지막 행동으로 심판받지는 않으리라고 믿고 있다. 그 아들이 예수님이 돌아가시기 전 마지막 하신 일로 심판받으리라고 믿는 것이다. 예수님이 마지막으로 하신 일은 "아버지 저들을 사하여 주옵소서 자기들이 하는 것을 알지 못함이니이다"라고 외치신 것이었다(눅 23:34).

그 어머니는 "이 얼마나 큰 위로요 소망인가요"라는 말로 편지를 마무리했다. 그 편지와 함께 J. R. R 톨킨의 글을 살짝 바꾸어 새긴 나무판 선물이 왔다. 현재 내 책상 옆 책꽂이에 잘 보이게 놓여 있는 이 나무판에는 이런 글이 새겨져 있다.

"모든 슬픈 일이 번복된다."

이 외에도 소망을 가질 수 없는 상황에서 소망을 품은

이들의 실화를 얼마든지 소개할 수 있다. 이들은 당신과 나처럼 연약한 인간이다. 하지만 이들은 하나님의 영과 함께 믿음의 눈으로 볼 수 있는 능력을 받았다. 그 믿음은 예수님의 삶과 죽음, 장사, 부활, 재림이라는 실제 시공간의 역사에 뿌리를 둔 믿음이다.

한 여성에게서 사별한 남편이 말기 암과 싸울 당시, 인생 최고의 날은 새 하늘과 새 땅에서 펼쳐진다는 사실을 기억하기 위해 신었다던 '행복 양말'을 선물받은 적이 있다(계 21:1-5). 나는 매년 부활절마다 이 양말을 신으며 죽어 가던 그 남편에게 해당되는 진리가 살아 있는 내게도 똑같이 적용된다는 사실을 되새기곤 한다.

병원에서 2주라는 시한부 판정을 받은 암 환자가 있었다. 나는 그녀의 마지막을 준비하는 내내 그녀가 기뻐하는 모습을 보고 큰 감명을 받았다. 아들을 잃은 어머니와 마찬가지로, 그녀는 기뻐하는 가운데서도 슬픔을 부정하거나 축소하거나 무시하지 않았다. 오히려 그녀의 기쁨은 그녀의 슬픔을 완성했고, 그녀의 슬픔은 그녀의 기쁨을 완성했다. 두 감정 모두를 온전히 느끼는 모습에서 그녀가 사망의 어두운 골짜기를 지나는 순간에도 누구보다 온전한 인간으로 온전한 삶을 살았다는 사실을 알 수 있었다.

예수님이 "그 앞에 있는 기쁨을 위하여"(히 12:2) 십자가의 죽음을 감내하신 것은 실로 기적이다. 하지만 우리처럼 연약한 인간들이 그렇게 할 수 있는 것 또한 기적이다.

성경을 보면 아내가 욥을 경멸할 정도로 극심한 비극이 닥쳤을 때 욥이 보인 반응은 무릎을 꿇고 하나님을 경배하며 이렇게 말한 것이었다. "내가 모태에서 알몸으로 나왔사온즉 또한 알몸이 그리로 돌아가올지라 주신 이도 여호와시요 거두신 이도 여호와시오니 여호와의 이름이 찬송을 받으실지니이다"(욥 1:21).

목사로서 그동안 가시밭길을 걷는 성도들을 수없이 곁에서 지켜본 지금, 다시 내게 시험이 닥친다면 하나님을 저주하거나 욕하지 않을 자신감이 전보다는 조금이나마 더 생겼다. 슬픔에 빠진 어머니가 모든 슬픈 일이 번복된다는 톨킨의 글을 인용하게 만든 것, 죽어 가는 남자가 행복 양말을 신게 만든 것, 죽음을 목전에 둔 한 여성이 자신의 장례식을 준비하면서도 온전한 삶을 살게 만든 것, 욥이 하나님을 경배하게 만든 것. 이제 그것이 내 마음에도 가득 차 있기를 소망한다.

감사하게도 욥의 아내는 냉소주의에서 빠져나와 다시 살아가는 법을 배운 듯하다. 그들의 이야기를 읽어 보면 알 수 있다. 그렇다면 혹시 냉소주의에 푹 빠져 있는 우리도 다시 사는 법을 배울 수 있지 않을까?

덜 좋은 것들을 원해서
가장 좋은 것을 놓칠 때가 얼마나 많은가!
우리는 놀라운 것을 거부하고, 따분한 것을 선택한다.
모험을 마다하고, 안전하고 억제되고
통제 가능한 것들을 선호한다.
아름다움을 보는 것 자체가 보상이다.
아름다움을 보지 못하는 것 자체가 벌이다.

놀랍게도 하나님의 숨은 영광은
인생의 아름다운 것들뿐 아니라
고통 속에서도 의미 있게 나타난다.

아름다운 사람은

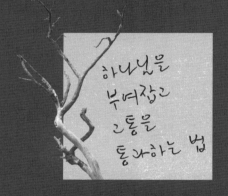

하나님을
부여잡고
그 통을
통과하는 법

저절로
만들어지지
않는다

날마다 등에
기름을 채울 때

매일의 리듬으로 자리를 잡으면 아름다운 순간이나 두려운 순간이나 하나님을 더 분명히 보는 데 도움이 되는 습관들이 있다. 그런 습관 중에 '거하기'(abiding)와 '보기'(beholding)가 있다. 이 둘은 하나님을 알고 그분과 가까이 교제하며 그분의 선하심과 영광을 경험하는 데 필수적인 습관이다. 하나님의 임재 가운데서 거하기와 보기를 실천하면 후회, 상처, 두려움에서 비롯한 지친 상태를 이겨 낼 수 있을 뿐 아니라 심지어 그 안에서 기쁨과 의미를 찾을 수도 있다.

거하기와 보기는 농사로 치면 밭을 갈고 씨앗을 심는 일과도 같다. 농부는 자신이 할 줄 아는 것을 하지만 그가 그 일을 다 한 뒤의 나머지 비와 햇빛, 열매는 전적으로 하나님 손에 달려 있다. 마찬가지로, 자신의 영혼을 매일 세심히 가꾸는 동시에 하나님이 성장시켜 주시도록 우리 자신을 그분께 맡겨야 한다.

거하는(abiding) 연습

먼저, '거하기'가 무엇인지 살펴보자.

예수님은 심판의 날에 관해 가르치실 때 열 처녀 비유를 전해 주셨다. 다섯 처녀는 슬기로워 혹시 신랑이 갑자기 돌아올 때를 대비해서 등에 기름을 가득 채워 놓았다. 반면, 다른 다섯 처녀는 미련해 등을 전혀 신경 쓰지 않았다. 신랑이 도착한다는 소리가 들리자 미련한 처녀들은 깜짝 놀라서 다른 처녀들에게 기름을 빌려 달라고 사정했다. 하지만 슬기로운 처녀들은 이렇게 대답했다. "우리와 너희가 쓰기에 다 부족할까 하노니 차라리 파는 자들에게 가서 너희 쓸 것을 사라."

미련한 처녀들이 기름을 구하기 위해 정신없이 뛰어다니는 사이에 신랑이 돌아와 슬기로운 처녀들을 데리고 혼인잔치 장소로 들어간 다음 문을 닫아 버렸다. 미련한 처녀들은 돌아와 자신들에게도 문을 열어 달라고 사정했다. 그때 신랑이 대답했다. "진실로 너희에게 이르노니 내가 너희를 알지 못하노라."

예수님은 이런 말로 가르침을 마무리하셨다. "그런즉 깨어 있으라 너희는 그 날과 그 때를 알지 못하느니라"(마 25:1-13).

여기서 준비되지 않은 미련한 처녀들에게 신랑(예수님)이

한 말은 "너희를 인정하지 않는다" 혹은 "정신 좀 차려라" 혹은 "아무것도 하지 않은 너희에게 큰 상처를 받았다"가 아니었다. 신랑은 그들을 알지 못한다고 말했다. 그들은 신랑을 찾거나 신랑과 관계를 쌓기 위한 시간을 내지 않았기 때문이다. 이런 어리석음과 무관심은 그들의 마음 상태 그대로를 드러낸다. 그들의 마음은 신랑에게서 멀어져 있었다. 그들은 아무런 준비(등을 위한 기름)도 하지 않았기 때문에 어두운 시기나 장소를 밝힐 잠재력이 전혀 없었다.

아모스 선지자는 이런 식으로 자초한 곤경을 기근에 빗대었다. 이것은 음식과 먹을거리가 없는 기근이 아니라 하나님의 말씀을 듣지 않은 영혼의 굶주림이다(암 8:11). 사도 바울은 이를 세상의 패턴에 순응한 것이라 불렀다.

이에 대한 해법은 무엇이든 참되고 사랑스럽고 경건하고 옳고 정결하며 칭찬받을 만한 것을 '생각하여' 마음을 새롭게 함으로 변화를 받는 것이다(롬 12:1-2; 빌 4:8). 시편 기자는 이런 생각을 하는 행위를 묵상이라고 표현했다. 묵상은 마음을 비우는 동양식 명상이 아니다. 묵상은 성경에 드러난 하나님의 속성, 생각, 지혜, 경고, 약속을 마음에 가득 채우는 유대-기독교의 습관이다. 이러한 하나님의 보화로 마

음이 향하면 후회, 상처, 두려움을 이길 뿐 아니라 하나님
의 은혜로 그분의 임재 안에서 누릴 수 있다. 반대로, 그렇
게 하지 않으면 가장 큰 대가가 따르는 최악의 기근을 겪게
된다.

우리는 예수님이 들려주신 미련한 처녀 비유를 반면교
사로 삼아야 한다.

물론 이 비유에서 예수님의 주된 초점은 "산 자와 죽은
자를 심판하러 오"실 재림이다.[1] 하지만 이보다 조금도 덜
중요하다고 말할 수 없는 두 번째 초점이 있다. 어두운 시
기가 올 때 생존하기 위해서는 반드시 우리의 등에 기름을
늘 가득 채우고 있어야 한다. 여기서 우리의 등에 기름을
늘 가득 채운다는 것은 교회 예배, 주기적인 성경 공부, 기
도를 통해 '예수님을 알아가는 것'(영적 훈련)을 중심으로 삶
을 정돈시키는 것을 의미한다.

한 작가는 미국의 아프리칸 기독교인들이 자신이나 자
신의 공동체를 상대로 잔혹행위를 한 자들을 용서해 온 모
습을 묘사하며 이렇게 말했다. "그들은 평소에 예배와 성경
공부, 기도를 통해 철저하게 연습되어 있었기 때문에 한밤
중에 기름을 사러 상점으로 달려갈 필요가 없었다. 그들은

오랫동안 한밤중에 있었다. …… 용서하는 것 …… 그것은 기독교 공동체로서 그들 DNA의 일부다. 그들은 수 세대 동안 기름을 축적해 왔다."

작가는 한 사례로, 2015년 미국 찰스턴의 이매뉴얼교회(Emanuel AME Church)에서 성경 공부 도중에 벌어진 잔혹하고 무자비한 총기 난사 사건을 회상했다. "교회가 예배를 위해 다시 문을 열자 …… 사람들이 계속해서 교회 사역자에게 물었다고 한다." 사람들은 희생자들의 친구들과 가족이 "왜 그리고 어떻게" 총기난사범을 용서할 수 있는지 궁금해했다. 그 교회 한 사역자는 그 물음에 이렇게 대답했다. "예수님을 아는 사람들은 믿음의 창문을 통해 볼 수 있지요. 우리는 소망을 볼 수 있어요. 빛을 볼 수 있답니다."[2]

뒤에 가서 내가 불안, 우울증과 싸워 온 이야기를 솔직히 털어놓도록 하겠다.[3] 같은 문제로 씨름하는 한 친구는 내게 불안감의 악마가 공격할 때마다 사용하도록 고린도후서 10장 4-5절을 외워 놓으라고 권했다.

"우리의 싸우는 무기는 육신에 속한 것이 아니요 오직 어떤 견고한 진도 무너뜨리는 하나님의 능력이라 모든 이론을 무너뜨리며 하나님 아는 것을 대적하여 높아진 것을 다 무너뜨리고 모든 생각을 사로잡아 그리스도에게 복종하게 하니"(고후 10:4-5).

불안감을 겪어 본 사람이라면 최악의 시나리오를 상상하다가 지치는 기분을 잘 알 것이다. 성경적인 진리가 가득한 저장고를 통해 꾸준히 영양분을 공급받지 않고서는 이런 불안감을 근본적으로 해결할 방법은 없다. 내가 경험해 봐서 잘 안다. 이 저장고를 채울 방법은 조금만 더 자고 싶은 유혹을 뿌리치고 매일 성경을 읽는 것밖에 없다. 또한 텔레비전과 인터넷을 즐기고 싶은 유혹을 뿌리치고 매주 교회와 성경 공부 모임에 참석해야 한다. 내 것만 추구하지 말고 하나님과 다른 사람을 위해 팔을 걷어붙이고 지갑을 열어야 한다. 이웃에 무관심하고 안락한 자리를 차지하며 자신의 꿈을 따르는 대신, 자신을 부인하며 매일 자기 십자가를 지고 예수님을 따라야 한다.

나는 매일 '은혜의 수단들'을 통해 불안감이 가득한 머릿속에서 나와 하나님과 다른 사람을 위한 삶으로 들어가는 훈련을 했다. 그 훈련은 말 그대로 내 생명을 구해 주었다. 덕분에 최악의 시나리오를 무기력하게 곱씹거나 불안감을 그냥 무시하지 않고 그것에 용감하게 맞설 힘을 얻었다.

'언젠가 직장에서 쫓겨나면 어쩌지? 누군가 나를 모함해 내 평판이 무너지면 어쩌지? 사람들이 내 더러운 생각이나 말, 행동을 알고서 남들에게 폭로하면 어쩌지? 내가 사랑하는 사람에게 끔찍한 일이 일어나면 어쩌지? 또 다른 팬데믹이 발생하면 어쩌지? 어머니에게서 알츠하이머병을 물려받으면 어쩌지?' 등등 끝도 없다.

꾸준한 믿음의 습관을 통해 내 등에 기름을 채우는 훈련을 하면 이런 불안에 대비할 수 있다. 최악의 상황이 실제로 벌어지면 어떻게 될까? 그런 일이 벌어지면 한동안은 슬프고 힘들 것이다. 하지만 장기적으로, 이를테면 지금부터 수백만 년 뒤 신자의 삶에는 사망이나 애통하는 것이나 곡하는 것이나 아픈 것이 전혀 없을 것이다(계 21:4).

모든 슬프고 아픈 이야기는 길게 봤을 때 결국 번복될 것이다. 그리스도의 빈 무덤만큼이나 확실한 사실은, 우리도 죽음에서 살아나 매일매일이 그 전날보다 더 좋아지는 세상으로 들어가게 된다는 것이다. 끝이 없는 영원한 세상이 올 것이다. 아멘.

이것이 흑인 영가 중에 내세를 노래하는 곡이 특히 많은 이유가 아닐까 싶다.

습관의 힘을 과소평가하지 말라. 우리 안으로 들이는 것이 고통의 순간 우리에게서 나온다. 애니 딜라드는 이런 유명한 말을 했다. "하루를 사는 모습이 평생을 사는 모습이 된다. 이 시간과 저 시간에 무엇을 하든 평생 그것을 하게 된다. 시간표는 혼란과 변덕을 막아 준다. 시간표는 하루하루 날들을 잡는 그물이다. 시간표는 일꾼이 서서 일할 수 있게 해 주는 비계 …… 이성과 질서의 실체 모형 …… 시간의 잔해 속에 자리한 평화요 안식처다. 시간표는 구명정이다. 그 안에서 우리는 몇십 년이 지나도 여전히 살아 있다."[4]

"시간의 잔해."

역시 애니 딜라드다. 과연 언어에 도가 텄다.

날마다 등을 관리하라. 매일 넘치도록 가득 기름을 채워 넣으라. 한 번도 펴지 않은 성경책이 아니라 읽고 또 읽어 닳은 성경책이 되게 하라. "다 망가진 성경책은 대개 그렇지 않은(망가지지 않은-편집자) 사람의 것이다."[5]

예수님께 가까이 다가가게 도와주는 모든 훈련을 하라. 단순히 그분에 관해서만 아는 것이 아니라 그분을 알기 위해 노력하라. 준비할 수 있었지만 하지 않아 혼인잔치를 망치는 사람이 되지 말라. 우리가 어둠 속에서 길을 잃지 않도록 지켜 주시는 세상의 빛, 그리스도 안에 거하라.

보는(beholding) 연습

두 번째, '보기'를 살펴보자.

여기서 본다는 것은 '주목한다, 관심을 집중한다, 잡다한 모든 것을 버리고 한 가지에 초점을 맞춘다'는 뜻이다.

다윗은 이렇게 기도했다. "여호와는 나의 빛이요 나의 구원이시니 내가 누구를 두려워하리요 여호와는 내 생명의 능력이시니 내가 누구를 무서워하리요 …… 전쟁이 일어나 나를 치려 할지라도 나는 여전히 태연하리로다 내가 여호와께 바라는 한 가지 일 그것을 구하리니 곧 내가 내 평생에 여호와의 집에 살면서 여호와의 아름다움을 바라보며 그의 성전에서 사모하는 그것이라"(시 27:1-4).

다윗은 창조주를 의식했다. 창조주 하나님의 아름다움은 온 세상의 무게보다 더 큰 무게를 지닌다. 다윗은 그분을 의식한 덕분에 일시적인 비극을 담대하게 맞을 수 있었다. 그가 성전(교회)에서 매일 찾은 한 가지, 절대 양보할 수 없었던 한 가지, 그는 다른 것은 몰라도 이 한 가지 없이는 살 수 없었다. 바로 매일 하나님께 시선을 고정하는 것이다.

사도 바울도 하나님 영광의 무게에 시선을 고정했다. 그 영광의 무게에 비하면 우리를 지치게 만드는 모든 것은 전혀 무겁지 않게 느껴진다. "우리가 …… 낙심하지 아니하고 …… 우리가 사방으로 우겨쌈을 당하여도 …… 답답한 일을 당하여도 …… 박해를 받아도 …… 거꾸러뜨림을 당하여도 …… 죽음에 넘겨짐은 …… 주 예수를 다시 살리신 이가 예수와 함께 우리도 다시 살리사 너희와 함께 그 앞에 서게 하실 줄을 아노라 …… 우리가 잠시 받는 환난의 경한 것이 지극히 크고 영원한 영광의 중한 것을 우리에게 이루게 함이니 우리가 주목하는 것은 보이는 것이 아니요 보이지 않는 것이니 보이는 것은 잠깐이요 보이지 않는 것은 영원함이라"(고후 4:1-18).

하나님은 이사야 선지자의 앞날에 많은 고난이 기다리고 있다고 말씀하셨다. 이사야는 그 모든 고난을 이겨 낼 소망과 결단력을 얻었다. 그것은 성전(교회), 그리고 그 성전을 통해 그의 마음속을 가득 채운 하나님 영광의 무게를 보고 맛보았기 때문이다.

이사야서를 읽다 보면 시간이 갈수록 두 가지가 함께 증폭되는 것을 볼 수 있다. 첫째, 이사야가 처한 상황이 점점 암담해진다. 둘째, 하나님에 대한 그의 소망이 기쁨과 함께 점점 커진다.

다윗과 바울과 이사야가 하나님의 영광을 볼 때 구체적으로 무엇을 보았을까? 우리도 과연 볼 수 있을까? 마음의 눈이 열리고 등에 기름을 가득 채우면 우리도 얼마든지 볼 수 있다.

우리가 봐야 할 것은 먼저, 하나님의 위대하심의 무게다. 주변을 둘러보고 위를 올려다보면 하나님의 위대하심이 보인다. 다른 시편에서 다윗은 이렇게 기도했다. "여호와 우리 주여 주의 이름이 온 땅에 어찌 그리 아름다운지요 주의 영광이 하늘을 덮었나이다 …… 주의 손가락으로 만드신 주의 하늘과 주께서 베풀어 두신 달과 별들을 내가 보오니 사람이 무엇이기에 주께서 그를 생각하시며 인자가 무엇이기에 주께서 그를 돌보시나이까"(시 8:1-4).

하나님이 손가락〔그분의 세밀한 권능과 의지를 강조한 표현-편집자〕으로 만드신 작품들. 하나님은 손가락만으로도 밭 한 뙈기뿐 아니라 대륙 전체, 머리카락 한 올만이 아니라 세계

인구 전체, 작은 분자만이 아니라 우리 눈에 보이지 않는 은하계까지 창조하고 지탱하고 다스리신다.

한 설교자가 지구와 태양 사이의 거리(약 1억5천만 킬로미터)를 종이 한 장 두께라 한다면 지구와 가장 가까운 별 사이 거리는 그 종이가 2미터쯤 쌓인 정도라고 말하는 것을 들은 적이 있다. 또 그렇게 따지면, 우리 은하계의 지름은 그 종이가 약 500킬로미터 쌓인 두께다. 그런데 우리 은하계는 우주 전체로 보면 먼지 한 톨에 불과하지 않은가! 유명한 천문학자 칼 세이건은 한 줄기 태양 광선 안에 갇힌 지구의 위성사진을 언급하며 우주의 상상할 수 없는 광활함을 지적했다. 그는 그 사진 속 지구를 "창백한 푸른 점"이라 불렀다.

칼 세이건은 이렇게 썼다.

저 점을 다시 보라. 저 점이 이곳이다. 저 점이 우리의 집이다.
저 점이 우리다. 그 점 위에 당신이 사랑하는 모든 사람,
당신이 아는 모든 사람, 당신이 들어 본 모든 사람, 이 땅에
존재한 모든 사람이 살았다. 우리의 기쁨과 고통, 수많은
종교와 이념과 경제 정책, 모든 사냥꾼과 약탈자, 모든 영웅과

겁쟁이, 모든 문명 건설자와 문명 파괴자, 모든 왕과 소작농, 사랑에 빠진 모든 젊은 연인들, 모든 부모, 꿈을 품은 모든 꼬마 발명가와 탐험가, 모든 도덕 선생, 모든 부패 정치인, 모든 슈퍼스타, 모든 국가원수, 인류 역사 속 모든 성자와 죄인. 이 모든 것이 한 줄기 광선에 걸린 티끌 위에 있다. 지구는 우주라는 광활한 공연장에 있는 지극히 작은 무대 하나에 불과하다.

이어서 세이건은 강력한 임팩트를 담아 요지를 전달한다. "우리의 가식, 스스로 중요한 존재라는 착각, 자신이 우주 안에서 특권층이라는 망상이 이 희미한 점 하나에 산산이 깨진다. 지구 행성은 거대한 우주적 어둠에 뒤덮인 외로운 파편 중 하나다. 우리 존재의 미미함과 이 모든 광활함 속에는 우리를 우리 자신에게서 구해 줄 도움이 다른 어딘가에서 올 기미가 전혀 보이지 않는다."[6]

아무런 기미가 없다. 아니, 있나?

"사람이 무엇이기에 주께서 그를 생각하시 …… 나이까"(시 8:4). 시편 기자는 이 질문에 스스로 답한다. "그를 하나님보다 조금 못하게 하시고 영화와 존귀로 관을 씌우셨

나이다 주의 손으로 만드신 것을 다스리게 하시고 만물을 그의 발아래 두셨으니 …… 여호와 우리 주여 주의 이름이 온 땅에 어찌 그리 아름다운지요"(시 8:5-9).

"온 땅에." 여기서 무슨 말을 하고 있는지 이해가 가는 가? 땅. 하나님이 지으신 드넓은 우주에 자리한 작디작은 창백한 푸른 점. 이 땅은 하나님의 영광이 나타나는 중심 무대이기도 하다. 비록 크기는 작지만 현재까지 파악된 바로 지구는 온 우주에서 하나님이 생명을 불어넣으신 유일한 곳이다. 그리고 하나님은 '우리'를 창조하여 그 안에서 살게 하셨다. 그러고 보면 영광의 하나님은 작은 사람들, 작은 장소들, 작은 것들의 하나님이시기도 하다.

우리가 봐야 할 또 다른 것은, 우리를 향한 하나님의 관심의 무게다. 하나님이 심지어 인간인 우리의 수준까지 내려와 연민과 관심을 기울여 주신다는 사실이다. 이러한 겸손함으로 예수님은 하나님의 본체시면서도 하나님과 동등됨을 취할 것으로 여기지 아니하시고 오히려 자기를 비워 종의 형체, 즉 '우리의' 형체를 취하셨다(빌 2:5-8). 하나님이 이렇게 자신을 낮추셨고 지금도 여전히 자기를 비워 낮추심은 우리가 있는 곳까지 친히 내려와 우리의 지친 영혼을 돌보시기 위함이다.

달과 별의 창조주이신 예수님이 지치고 낙심한 우리의 더러운 발을 씻기시기 위해 오늘도 몸을 숙이신다(요 13:1-17).

나를 알고자 세심하게 살피시는 분

이것이 '보기'다. 하나님이 당신의 눈을 열어 그분을 보게 하실 때 이것을 기억하라. 하나님은 무엇보다도 당신이 이 한 가지 사실에 주목하기를 원하신다. 바로 그분이 당신을 주목하고 돌보신다는 사실이다. 하나님이 손수 어머니 자궁 안에서 당신을 빚으시고 심히 기묘하게 지으신 작품이라고 선포하셨다. 그렇다. 여전히 약하고 의심과 두려움이 가득한 당신은 '기묘자, 모사'(훌륭한 카운슬러)이신 분의 작품이다. 하나님은 당신의 모든 동기와 계획을 아실 정도로 당신에게 지극히 관심이 많으시다.

하나님은 당신을 '알고자' 당신을 세심히 살피신다. 하나님은 당신의 모든 길을 아신다. 하나님은 당신이 생각하기도 전에 당신의 모든 생각을 아신다. 당신이 말하기도 전에 당신의 모든 말을 아신다.

하나님은 당신을 귀하게 여기시며 늘 당신을 생각하신다. 하나님의 이름은 모든 이름 위에 뛰어나시며 그런 분이 당신의 이름을 불러 주고 계신다(사 43:1).

하나님은 간고를 많이 겪고 질고를 아시는 분이신데 당신이 흘린 눈물을 병에 담아 귀하게 여기신다(시 56:8).

하나님은 머리에 가시관을 쓰신 가운데서도 당신의 머리카락 하나하나를 세심하게 세셨다(눅 12:7).

하나님은 저주를 받아 나무에 달려 돌아가셨으며, 이제 그 나무 아래에 있는 우리를 보고 계신다(요 1:48).

하나님은 옛적부터 계신 이로, 우리의 모든 날을 세셨으며 우리를 위해 정하신 날이 하루도 되기 전에 전부 그분 책에 기록하셨다(시 139:1-24).

달과 별을 지으신 창조주는 새의 눈이나 인공위성으로 우리를 보고 계시지 않는다. 그분은 좀 더 가까이 우리를 향해 몸을 숙이신다. 아니, 구유에 누우실 만큼 더 낮아지고 낮아지셨다. 그분은 돈도 연줄도 없는 집안에서 태어났고 자라셨다. 그분은 창백한 푸른 점 위의 보잘것없는 지역에서도 가장 시골 구석진 곳 출신이시다.

"나사렛에서 무슨 선한 것이 날 수 있느냐"(요 1:46).

갈릴리 지역 나사렛에서 사셨던 그분은 나중에 예루살렘에서 고난을 당하고 돌아가셨으며, 권능으로 부활하셔서 제자들에게 나타나셨다. 하늘로 오르신 뒤에는 우리 같은 평범한 사람들이 영광에 참여할 수 있도록 성령을 보내셨다.

부활하신 예수님은 제자들 가운데 서서 그분을 가장 의심한 제자에게 이렇게 말씀하셨다. "네 손가락을 이리 내밀어 내 손을 보고 네 손을 내밀어 내 옆구리에 넣어 보라 그리하여 믿음 없는 자가 되지 말고 믿는 자가 되라."

도마는 이렇게 답했다. "나의 주님이시요 나의 하나님이시니이다."

그러자 예수님은 이렇게 말씀하셨다. "너는 나를 본 고로 믿느냐 보지 못하고 믿는 자들은 복되도다"(요 20:27-29).

이제 남은 것은 예수님이 다시 오시는 것이다. 이번에는 외딴 지역의 실패한 제자들에게 오시는 것이 아니라 분명한 권능과 영광 가운데서 오실 것이다. 더없이 장엄하고 광대한 영광으로 임하셔서 밝고 환한 미래의 시작을 선포하실 것이다.

하늘에는 영광이 있다. 그 영광이 보이는가?

테이블 위에 빵과 포도주가 있다. 그 맛이 느껴지는가?

당신의 발을 감싼 따뜻한 수건이 있다. 그 감촉이 느껴지는가?

지하철역에서 무료로 최고의 음악이 연주되고 있다. 그 소리가 들리는가?

어두운 시기가 올 때 생존하기 위해서는
반드시 우리의 등에 기름을
늘 가득 채우고 있어야 한다.
즉 교회 예배, 주기적인 성경 공부, 기도를 통해
'예수님을 알아가는 것'(영적 훈련)을 중심으로
삶을 정돈시켜야 한다.

불안감을 겪어 본 사람이라면
최악의 시나리오를 상상하다가 지치는
기분을 잘 알 것이다.
성경적인 진리가 가득한 저장고를 통해
꾸준히 영양분을 공급받지 않고서는
이런 불안감을 근본적으로 해결할 방법은 없다.

습관의 힘을 과소평가하지 말라.
우리 안으로 들이는 것이 고통의 순간 우리에게서 나온다.

달과 별의 창조주이신 예수님이
지치고 낙심한 우리의 더러운 발을 씻기시기 위해
오늘도 몸을 숙이신다.

프롤로그 6

그분을 향한 찬송이
일상 깊숙이 스밀 때

믿음의 사람들이 모여서 함께 노래 부르는 일이 문득 이상하다 느껴진 적 없는가? 학교 음악 시간도 아니고 가수의 공연장도 아닌 데서 사람들이 함께 노래를 부르는 게 왠지 어색하고 어울리지 않게 보일 수 있다. 특히, 노래를 잘 못 부르는 사람들끼리 모여 부를 때는 더 그렇게 느껴진다.

회계사들이 모여서 수학의 아름다움을, 미식축구 선수들이 모여서 어깨 보호대의 유용함을, 요리학원 학생들이 모여서 버터의 풍미를 진지하게, 그것도 모자라 마음을 다해 한목소리로 노래한다면? 아마 대부분의 사람들은 그들을 정신 나간 사람인 양 취급할 것이다.

하나님에 관해 하나님께 노래하는 것도 다르지 않다. 특히, 대부분의 회중 찬양이 음정과 박자가 엉망인 것을 생각하면 이상하게 생각할 법하다. 우리 대부분은 가수가 아니다. 그럼에도 함께 목소리를 높여 찬양을 부른다. 왜 우리는 함께 노래를 부르는가? 왜 즐거운 소음을 정교한 화음만큼이나 당연하게 받아들이는가? 왜 찬양은 그리스도인이 하는 가장 중요한 일 가운데 하나인가?(시 100:1) 왜 우리는 이런 찬양을 이상한 것이 아닌 정상으로 받아들이는가?

그리스도인들은 여러 가지 이유로 찬양을 부른다. 그중

하나는, 하나님을 예술가로 보고 우리 자신을 그분의 형상을 따라 지음받은 창조적 존재로 보는 것이다. 우리 자신을 창의적으로 표현함으로써 창조주께 영광을 돌리며, 우리가 창조주가 지으신 인간임을 증명해 보인다.

하늘이 하나님의 영광을 드러내는 것처럼 그림은 화가의 영광을 드러낸다(시 19:1). 인간의 몸이 하나님의 천재성을 드러내는 것처럼 조각상은 조각가의 천재성을 드러낸다(시 139:14). 성경이 하나님의 정신을 드러내는 것처럼 문학과 시는 작가의 정신을 드러낸다. 언어의 장인이신 하나님은 성경 기자들에게 영감을 주어 시, 지혜로운 글, 창조와 타락과 구속과 영광의 대서사시를 기록하게 하셨다. 역시 하나님의 영감으로 기록된 다양한 복음적 이야기들은 용을 죽여 우리를 구원하는 용사, 우리를 구해 내 결혼하는 왕자, 우리 모두의 안에 있는 야수에게 입맞춤하는 미녀이신 예수님을 드러낸다. 실화이기도 한 행복한 결말의 동화 속에서 예수님은 주인공으로 무대 중심에 서신다.

최고의 예술가이신 하나님은 음악 작곡가이기도 하시다. 많은 시편이 "인도자를 따라 부르는 노래"란 표제로 시작된다. 시편은 하나님 음악의 전형이다. 하나님은 음악을 통해 우리의 마음을 움직여 그분을, 우리 서로를, 다른 이웃을 사랑하고 섬기게 만드신다.

음악은 만국 공통의 사랑의 언어이며, 모든 사람과 장소, 문화의 중심에 있다. 음악이 의미 있는 것은 교훈과 감동을 함께 주기 때문이다. 생명을 주는 음악은 우리 머리에 지혜를 불어넣는 동시에, 입술로 부를 때면 마음을 북받치게 한다. 이사야서 9장에서 '기묘자, 모사, 전능하신 하나님, 영존하시는 아버지, 평강의 왕'으로 불릴 아들의 탄생에 관한 글(사 9:6)을 읽는 것과, 예수님에 관한 이 같은 진리를 헨델의 걸작 교향곡 〈메시아〉(The Messiah)를 통해 듣는 것은 느낌이 완전히 다르다.

니체는 이런 날카로운 분석을 내놓았다. "음악은 도덕법이다. 음악은 우주에 영혼을, 정신에 날개를, 상상력에 비상을, 슬픔에 매력을, 모든 것에 생명을 부여한다. 음악은 질서의 정수이며, 모든 선하고 공정하고 아름다운 것으로 이어진다. 음악은 보이지 않지만 눈부시고 열정적이며 영원한 형태다."[1]

C. S. 루이스는 처음 신앙생활을 할 때만 해도 교회에서 찬양 부르는 것을 매우 싫어했다. 하지만 나중에는 성향

이 바뀌어 이렇게 말했다. "즐기는 것을 찬양하는 것이 좋다. 찬양은 즐거움을 표현하기만 하는 것이 아니라 완성해 주기 때문이다. …… 즐거움은 표현되기 전까지는 완성되지 못한다. …… [무엇이든] 온전히 찬양하면, 가슴이 터질 정도의 감사를 시나 음악, 그림으로 온전히 끌어내면 …… 그 대상은 온전히 인정을 받고 우리의 기쁨은 완벽한 수준에 이른 셈이다."[2]

찬양할 때 우리는 하나님의 선하심, 아름다우심, 사랑, 뛰어나심을 즐긴다. 또한 바울이 에베소 교회에 보낸 편지에서 말한 것처럼, 우리는 찬양하면서 서로의 부요함과 번영을 즐기고 서로를 북돋운다. "오직 성령으로 충만함을 받으라 시와 찬송과 신령한 노래들로 서로 화답하며 너희의 마음으로 주께 노래하며 찬송하며 범사에 우리 주 예수 그리스도의 이름으로 항상 아버지 하나님께 감사하며"(엡 5:18-20).

거짓말의 볼륨 줄이기, 진리의 볼륨 키우기

왜 내가 여기서 음악에 관한 이야기를 장황하게 하는 것일까? 노래가 후회, 상처, 두려움, 그리고 거기서 비롯한 영혼의 지침과 무슨 상관인가?

당연히 상관있다. 그것도 아주 많이. 우리를 지치게 하는 목소리들을 구속(redeeming)하려면, 하나님이 우리에게 화가 나 계시고 우리의 슬픔에 관심 없으시며 우리를 도와 주시지 않는다는 거짓말의 볼륨을 줄여야 한다.

그런데 이런 거짓말의 볼륨을 줄이려면 후회, 상처, 두려움을 올바로 보게 하는 진리의 볼륨을 키워야 한다. 하나님은 이를 돕기 위해 '노래'라는 선물을 주셨다. 경기장의 운동선수, 무대의 공연자, 분만실의 산모, 수영을 배우는 아이만이 아니라, 힘든 상황과 싸우는 모든 그리스도인에게 도움이 필요하다. 때로 우리는 그리스도 안에서의 건강을 유지하기 위해 신앙의 멘토들과 동료들의 "거룩한 포효"(holy roar)[3]가 필요하다. 이 포효는 우리가 함께 모여서 찬양할 때 가장 분명하게 듣고 가장 깊이 느낄 수 있다.

후회 ― 후회는 대개 과거 일에 대한 죄책감에서 비롯한다. 존 뉴턴은 지난날 오랫동안 폭력적이고 냉담한 노예 상인이었다는 사실로 죄책감에 시달리고 있었다. 그러던 차에 그는 자신 같은 죄인을 구원하신 하나님의 놀라운 은혜에 관한 곡을 썼다. 이 〈나 같은 죄인 살리신〉(Amazing Grace)

은 지금까지 약 50개 언어로 번역되고, 천만 번 가까이 공연되며, 세상에서 가장 널리 불리는 찬양이 되었다. 놀랍게도 아프리칸 교회들에서 이 전직 노예 상인이 지은 찬송가가 가장 감동적으로 연주되었다. 우리는 아프리칸 교회들에 크나큰 감사의 빚을 졌다. 그들은 하나님의 백성들이 불의에 탄식하고 정의를 주장하며 하늘을 갈망하게 도와주는 수많은 영가를 낳고 불렀다.

뉴턴이 죄책감과 후회를 이겨 내기 위해 쓴 이 곡은 인간의 한 가지 깊고 내밀한 욕구를 다룬다. 그것은 가해자뿐 아니라 희생자도, 상처 준 사람뿐 아니라 상처받은 사람도, 극심한 고통을 가한 사람뿐 아니라 고통받은 사람도 느끼는 욕구다. 이 보편적인 욕구는 범죄(가해자가 지은 죄와 피해자가 당한 죄 모두)의 기억이 아무리 깊거나 어두워도 죄를 참회하는 영혼은 예수님을 통해 용서와 구속을 받을 수 있다는 확신을 얻고자 하는 욕구다.

"나 같은 죄인 살리신 주 은혜 놀라워. 잃었던 생명 찾았고 광명을 얻었네."

상처 — 호레이쇼 스패포드는 딸이 난파 사고로 세상을 떠났다는 소식을 들은 지 얼마 지나지 않아 찬송가 하나를 지었다. "내 평생에 가는 길 순탄하여 늘 잔잔한 강 같든지 큰 풍파로 무섭고 어렵든지 나의 영혼은 늘 편하다"는 가사로 시작되는 이 찬송가는 〈나 같은 죄인 살리신〉처럼 수 세대에 걸쳐 전 세계 고통받는 이들에게 큰 위로가 되었다. 스패포드가 어두운 슬픔의 구렁에서 벗어나기 위해서는 단순히 글로 적는 것만으로는 부족했다. 마음에서 터져 나오는 고백을 노랫가락으로 옮겨야만 했다.

오랫동안 목회를 하면서 보니 우리 교회에서 이 찬송을 가장 큰 소리로 부르는 사람들은 대개 큰 고통 가운데 있는 이들이다. 자녀에게 장애가 있거나 자녀를 먼저 떠나보낸 부모들, 배우자에게 버림받은 남녀, 만성 통증이나 질병, 불안, 우울증에 시달리는 사람들, 말기 암과 사투를 벌이는 이들, 사별한 이들.

내가 처음 죽음을 목전에 둔 사람을 본 곳은 암에 걸린 서른다섯 살 청년의 병실이었다. 그는 병원 침대를 둘러싼 이들에게 〈내 평생에 가는 길〉(It Is Well)을 불러 달라고 부탁했다. 그 찬양을 들으면서 그는 마지막 눈을 감았다. 비극적인 사고로 자녀를 잃은 한 싱글 맘도 슬픔을 달래 주러 온 목사와 가족과 친구들에게 같은 부탁을 했다. 사람들이 자신이나 사랑하는 사람들의 장례식을 준비할 때 가장 많이 요청하는 곡은 시편 23편과 관련된 노래와 〈내 평생에 가는 길〉이다. 가장 어두운 순간, 하나님의 백성들은 삶과 죽음, 부활, 천국에 관한 진리를 말로만이 아닌 노래로 듣기를 원한다.

호레이쇼 스패포드는 그의 인생의 가장 어두운 순간에 탄생한 곡이 고통 가운데 있는 다른 이들에게 이토록 큰 소망을 주고 있다는 사실을 전혀 모를 것이다. 아니, 천국에서 다 보고 있을지도 모른다.

두려움 — 조지 매더슨은 20대에 시력을 잃었다. 그의 약혼녀는 평생을 시각장애인과 함께할 수 없다며 끝내 파혼을 선언했다. 그의 누이가 한동안 그를 돌봐 주었지만 그녀도 결국 결혼을 하면서 할 수 없이 그를 떠나고야 말았다. 그는 보이지 않는 하나님 외에 아무도 없는 어둠 속에 홀로 남겨졌다. 암담한 미래를 생각할수록 절망감이 몰려왔다.

하지만 하나님은 두려움에 빠진 그에게 〈아, 나를 버리지 않는 사랑〉(O Love That Will Not Let Me Go)이란 곡을 쓰도록 영감을 주셨다. 이 곡을 쓰는 데 채 5분도 걸리지 않았다. 이 곡은 수많은 사람의 두려움과 불안을 달래 준 또 하나의 찬송가다. 3절이 특히 강력한 역설을 담고 있다.

"오, 고통을 통해 내게 찾아온 기쁨. 내 마음을 주님께 닫을 수 없다네. 빗속을 뚫고 무지개를 보니 아침이면 눈물이 없으리라는 약속이 공허하지 않음을 알겠네."

과거를 위한 용서. 현재를 위한 힘. 미래를 위한 소망. 이 세 가지 측량할 수 없는 선물은 우리가 사나 죽으나 우리의 유일한 위안이신 예수 그리스도의 완성된 사역 덕분에 누리는 선물이다. 그러니 노래하고 맛보아야 한다. 세월의 검증을 거친 이런 찬송가들은 수 세기 동안 신자들에게 흔들리지 않는 닻이 되어 주었고, 앞으로도 수 세기 동안 그럴 것이다.

"오라 우리가 여호와께 노래하며 우리의 구원의 반석을 향하여 즐거이 외치자 우리가 감사함으로 그 앞에 나아가며 시를 지어 즐거이 그를 노래하자 여호와는 크신 하나님이시요 모든 신들보다 크신 왕이시기 때문이로다"(시 95:1-3). 아멘.

치유의 음악

음악, 특히 하나님의 음악에는 치유하는 힘이 있다. 하나님은 은혜와 위로와 소망의 노래로 우리를 슬픔에서 건져 주신다. 은혜로운 하나님은 심지어 우리가 자초한 슬픔에서도 건져 주신다. 오직 자신만을 생각하던 사울왕이 악령에 시달리자 젊은 다윗이 와서 그를 위해 수금(하프)을 연주했다. 그럴 때마다 악령이 물러가 사울의 상태가 호전되었다(삼상 16:14-23).

하나님 백성이 자신의 반역으로 인해 닥칠 심판을 걱정할 때 그들이 버린 하나님은 사랑의 노래로 그들을 다시 그분 품에 불러들이셨다. "시온의 딸아 노래할지어다 이스라엘아 기쁘게 부를지어다 예루살렘 딸아 전심으로 기뻐하며 즐거워할지어다 여호와가 네 형벌을 제거하였고 …… 네가 다시는 화를 당할까 두려워하지 아니할 것이라 …… 너의 하나님 여호와가 너의 가운데에 계시니 그는 구원을 베푸실 전능자이시라 그가 너로 말미암아 기쁨을 이기지 못하시며 너를 잠잠히 사랑하시며 너로 말미암아 즐거이 부르며 기뻐하시리라"(습 3:14-17).

아버지와 두 아들에 관한 예수님의 유명한 탕자 비유에서 둘째 아들은 아버지에게 유산을 미리 달라고 요구했다. 이는 아버지가 빨리 죽기를 바란다는 것과 다름없는 표현이다. 그럼에도 불구하고 아버지는 아들이 원하는 대로 해 주었다. 아들은 그 길로 집을 떠나 방탕한 생활을 하며 동전 한 닢까지도 다 탕진했다. 빈털터리가 되어 먹고살 길이 막막해진 탕자는 거지의 대사를 미리 연습해 집으로 향했다. "내가 하늘과 아버지께 죄를 지었사오니 지금부터는 아버지의 아들이라 일컬음을 감당하지 못하겠나이다 나를 품꾼의 하나로 보소서."

이 탕자의 대사에는 두 가지 심각한 오류가 있다. 첫 번째 오류는 자신이 아버지의 아들로 불릴 자격을 잃었다는 생각이다. 사실, 그는 애초에 자격을 얻은 적이 없다. 마찬가지로 우리도 자신의 공로나 미덕에 따라 하나님의 아들딸로 불릴 자격을 얻지 못한다. 하나님의 아들딸이 되는 것은 오직 은혜와 자비로 받는 선물이지, 자격에 관한 우리의 판단과는 아무런 상관이 없다.

우리가 최고의 모습을 보이나 최악의 모습을 보이나, 성공한 날이나 실패한 날이나, 하나님을 사랑하나 그분께 분을 내나, 그분을 받아들이나 거부하나, 그분을 추구하나 피하나 상관없이 하나님은 우리를 환영하시고 받아 주시고 품어 주신다. 하나님은 좋을 때만 어울려 주는 친구가 아니라 우리의 아버지이시다. 하나님은 계약이 아닌 언약에 따라 우리와 관계를 맺으신다.

우리를 향한 하나님의 사랑은 변함이 없다. 그 사랑은 우리 안에 있는 변덕스러운 선함에 근거하지 않고 하나님 안에 있는 아버지로서의 선하심에서 비롯하기 때문이다. 그리스도를 믿음으로 하나님 사랑의 상속자가 되면 우리가 한 수치스러운 생각과 말, 행동을 포함해서 세상의 그 무엇도 '그리스도를 통해 우리 것이 된 하나님 사랑'에서 우리를 끊을 수 없다(롬 8:38-39). 그리스도 안에서 우리는 정죄를 받지 않는다. 그분 안에는 정죄함이 없기 때문이다.

"그러므로 이제 그리스도 예수 안에 있는 자에게는 결코 정죄함이 없나니"(롬 8:1).

탕자의 대사에 있는 두 번째 오류는 아버지가 자신을 받아 주더라도 아들이 아닌 품꾼(종)으로 받아 주리라는 생각이다. 그가 자신감을 잃은 것도 무리는 아니다. 어느 아버지가 또다시 가슴이 찢어질 위험을 감수하겠는가. 어느 아버지가 사랑과 연민을 참지 못해 탕자의 말을 중간에 끊고 달려가 안고 입을 맞추겠는가. 그것도 아들이 아무런 화해나 만회의 몸짓도 하기 전에. 어느 아버지가 몸을 돌려

가족들과 마을 사람들에게 이렇게 말하겠는가. "제일 좋은 옷을 내어다가 입히고 손에 가락지를 끼우고 발에 신을 신기라 그리고 살진 송아지를 끌어다가 잡으라 우리가 먹고 즐기자." 어느 아버지가 자신에게 비수를 꽂은 동생에게 여전히 불같은 분노를 끓이는 큰아들을 잔치에 참여하라고 설득하겠는가(눅 15:11-32).

그러나 우리 하늘 아버지는 이보다 더한 일도 하신다. 이 이야기는 그냥 이야기가 아니다. 바로 '우리' 이야기다. 그리스도를 통한 하나님의 구속하시는 사랑 이야기에 포함된 우리 각자의 이야기다. 예수님의 비유에서 하나님은 아버지이시며, 우리는 탕자다. 우리는 아버지가 다시 받아 주지 않을까 두려우면서도 종이 묵는 처소에 작은 방 한 칸이라도 얻을 수 있을까 희망하며 터벅터벅 집으로 걸어가는 탕자에 불과하다.

하지만 아버지께로 돌아가면 뜻밖에도 아버지께서 우리에게 달려와 우리를 받아 주시고 '집으로' 다시 데려가시는 놀라운 은혜를 경험하게 된다. 집에 가면 우리도 예수님의 의의 예복을 입을 것이다. 우리도 하나님의 가족에 속했다는 사실을 증명하는 가락지를 받을 것이다. 우리도 죄책감과 수치심, 후회의 자리에서 일어나 처음에는 절뚝거리다가 이내 걷고 곧 달려가기 위한 신발을 받을 것이다. 그렇게 아버지의 강하신 품으로, 아버지의 집으로 힘차게 달려갈 것이다. "[하나님은] 피곤한 자에게는 능력을 주시며 무능한 자에게는 힘을 더하시나니 소년이라도 피곤하며 곤비하며 장정이라도 넘어지며 쓰러지되 오직 여호와를 앙망하는 자는 새 힘을 얻으리니 독수리가 날개 치며 올라감 같을 것이요 달음박질하여도 곤비하지 아니하겠고 걸어가도 피곤하지 아니하리로다"(사 40:29-31).

집에 가면 아버지께서 우리의 귀환을 축하하기 위해 마련한 성대한 잔치가 열리고 온 마을 사람들이 초대받을 것이다. 하늘의 집에서는 회개할 필요가 없는 99명보다 회개하는 한 명의 죄인을 더 기뻐하기 때문이다(눅 15:7). 이것은 지금 우리에게도 똑같이 해당되는 이야기다. 우리는 변할지 몰라도 하나님은 변하시지 않기에 예수님은 어제나 오늘이나 영원토록 동일하시다(말 3:6; 히 13:8).

하나님은 우리를 더 사랑하실 수 없을 만큼 사랑하시고 우리를 절대 덜 사랑하실 수 없다.[4] 우리가 무슨 행동을 해도 이 사실은 바뀌지 않는다.

하나님의 아들딸이 되는 것은
오직 은혜와 자비로 받는 선물이지,
자격에 관한 우리의 판단과는 아무런 상관이 없다.

하나님은 좋을 때만 어울려 주는 친구가 아니라
우리의 아버지이시다.
하나님은 계약이 아닌 언약에 따라
우리와 관계를 맺으신다.
우리를 향한 하나님의 사랑은 변함이 없다.
그 사랑은 우리 안에 있는
변덕스러운 선함에 근거하지 않고
하나님 안에 있는
아버지로서의 선하심에서 비롯하기 때문이다.

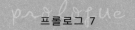

프롤로그 7

나도 저 사람도
'냄새나는 위선자'일 수밖에 없음을
인정할 때

혹시 결혼식장에서 신부 들러리가 쓰러지는 것을 본 적이 있는가? 직업이 목사다 보니 지금까지 꽤 여러 번 주례를 섰다. 리허설 때 항상 나는 높은 굽의 구두를 신은 사람들에게 예식 중에 무릎을 약간 구부려 서 있으라고 알려 준다. 높은 굽의 신을 신고 무릎을 쫙 펴면 산소가 뇌로 흐르는 데 방해받아 기절할 위험이 매우 커진다. 지금까지 내 경고를 잊은 탓에 기절한 신부 들러리가 다섯 명이나 된다. 한 명은 축가 도중에, 또 한 명은 반지 교환 순서 도중에, 세 명은 결혼 서약 도중에 기절했다. 물론 우리에게는 기억에 남는 사건이지만 신부 들러리에게는 잊고 싶은 기억일 것이다.

감사하게도 이런 사건이 있을 때마다 내가 응급 의료요원 역할을 할 필요는 없었다. 매번 놀랍게도 하객 중에 의사나 간호사, 구급대원이 있어 자리를 박차고 나와 쓰러진 신부 들러리를 돌봐 주었다. 그리고 매번 그들이 신부 들러리를 살려 낸 덕분에 쓰러졌던 사람은 다시 영광의 자리로 돌아가 함께 '자리한' 상태에서 예식을 무사히 마칠 수 있었다(단, 신부 들러리가 이번에는 무릎을 구부리라는 내 지시를 완벽하게 실천했다). 예식이 끝나고 음악이 연주되면서 파티가 시작될 때 신부 들러리 역시 신랑과 신부, 하객들과 함께 춤을 추며 그 시간을 즐길 수 있다.

우리의 죄에 대한 하나님의 반응은 쓰러진 신부 들러리에 대한 의료 전문가의 반응과 크게 다르지 않다. 하나님은 우리를 깨워 영광스러운 자리로 회복시키시며 우리의 입술에 새로운 노래를 두실 능력이 있으시다(시 40:3). 회복시키심은 그분의 성품이다. 하나님은 높은 자리를 박차고 나와 우리가 쓰러져 있는 낮은 땅으로 오셨다. 하나님은 가장 약하고 굴욕적인 우리의 자리로 오셔서 생명을 불어넣으신다. 우리를 일으켜 세운 다음, 그분의 사랑을 노래하라고, 춤추는 자리로 나오라고, 결혼식장에서 영광스러운 자리에 앉으라고 초대하신다.

시편 기자는 먼저 다가오시는 하나님을 이렇게 묘사한다. "내가 여호와를 기다리고 기다렸더니 귀를 기울이사 나의 부르짖음을 들으셨도다 나를 기가 막힐 웅덩이와 수렁에서 끌어 올리시고 내 발을 반석 위에 두사 내 걸음을 견고하게 하셨도다 새 노래 곧 우리 하나님께 올릴 찬송을 내 입에 두셨으니 …… 여호와를 의지 …… 하는 자는 복이 있도다 …… 여호와여 주의 긍휼을 내게서 거두지 마시고 주의 인자와 진리로 나를 항상 보호하소서"(시 40:1-11).

우리가 자초한 일로 실신해서 땅에 쓰러져 있을 때 능력 있는 의사이신 예수님은 '일부러' 우리에게로 달려오신다. 우리가 있는 낮은 땅까지 내려와서 우리에게 새로운 생명과 소망을 불어넣으신다. 이것이 그분의 성품이며 그분이 하시는 일이다. 우리의 죄에 대한 그분의 답은 정죄가 아닌 은혜다. 우리의 수치에 대한 그분의 답은 거부가 아니라 온유함이다. 우리의 실패에 대한 그분의 답은 결국 참지 못하고 버리는 것이 아니라 끝까지 품어 주는 것이다. 좀처럼 말을 듣지 않는 우리의 어리석음에 대한 그분의 답은 화를 내며 돌아서는 것이 아니라 자상하게 다가오는 것이다. 우리의 가장 추잡한 것들에 대한 그분의 답은 윽박지르고 쫓아내는 것이 아니라 잠잠히 사랑하는 것이다(습 3:17).

이것은 공허한 바람이 아니다. 장담한다.

이스라엘 백성이 우상숭배와 지은 죄로 자초한 포로 생활에 지쳐 가고 있을 때 이사야는 그들에게 노래하라고 촉구했다. 그렇다. 노래! 하나님은 부정한 아내처럼 그분을 모욕하고 버린 이스라엘 백성에게 이렇게 말씀하셨다. "잉태하지 못하며 출산하지 못한 너는 노래할지어다."

하나님이 이 말씀을 하실 때 이스라엘 백성은 여전히 머나먼 타지에서 탕자처럼 살고 있었다. 그들은 주변 이방 국가들의 거짓 신들에게 온통 마음을 빼앗기고 있었다. 그들은 하나님의 능력에 의지하지 않고 불륜, 물질주의, 권력욕에 빠져 있었다. 탕자처럼 절개를 저버린 채, 하나님이 선택한 신부임에도 신실하고 훌륭한 남편을 떠나 다른 파괴적인 애인들의 품으로 달려갔다.

이스라엘은 집 곧 하나님의 품에서 너무도 멀리 떠나 돌아가는 길을 기억조차 못했다. 그들은 엉뚱한 것들에서 자유를 찾는 노예 상태로 전락해 있었다. 그들은 남편이신 하나님을 버리고 자신들을 반복적으로 이용하고 학대하는 바벨론과 앗수르라는 악한 애인들에게 정착했다.

타락한 이스라엘 백성에게는 에밀리 디킨슨의 시가 딱 어울린다. "길이 보이지 않았네. 천국은 꿰매어졌네. 기둥들이 닫혀 있는 것처럼 느껴졌네. …… 그리고 다시 닫히고 나만 남았네. 공 위의 점 하나."[1]

패배감과 수치심이 가득한 이 상황에서 하나님은 이사야 선지자를 통해 소망과 치유의 말씀을 전해 주셨다. "너는 외쳐 노래할지어다 …… 두려워하지 말라 네가 수치를

당하지 아니하리라 …… 이는 너를 지으신 이가 네 남편이
시라 …… 여호와께서 너를 부르시되 마치 버림을 받아 마
음에 근심하는 아내 곧 어릴 때에 아내가 되었다가 버림을
받은 자에게 함과 같이 하실 것임이라 …… 내가 넘치는 진
노로 내 얼굴을 네게서 잠시 가렸으나 영원한 자비로 너
를 긍휼히 여기리라 네 구속자 여호와께서 말씀하셨느니
라"(사 54:1-8).

하나님은 이 점을 강조하기 위해 다른 선지자인 호세아
를 통해 비슷한 말씀을 전하셨다. "그러므로 보라 내가 그
를 타일러 …… 말로 위로하고 …… 그들로 평안히 눕게 하
리라 내가 네게 장가들어 영원히 살되 공의와 정의와 은총
과 긍휼히 여김으로 네게 장가들며 진실함으로 네게 장가
들리니 네가 여호와를 알리라"(호 2:14, 18-20).

하나님이 부정하고 방탕한 그분의 백성들에게 보내신
메시지는 분명하다. 하나님은 우리를 떠나시지도 버리시
지도 않을 것이다. 우리는 끊임없이 간음을 저지르지만 하
나님은 우리에게 늘 신실하실 것이다. 우리가 성, 돈, 권력,
정치, 폭력 같은 부적절한 거짓 애인들과 바람을 피울 때는
하나님이 우리에게서 임재를 거둬 가신 것처럼 느껴질 수

있지만, 그분은 언제나 우리와 함께 계실 것이다. 기쁠 때나 슬플 때나 아플 때나 건강할 때나 우리가 사는 동안, 아니 영원토록 우리와 함께 계시며 우리를 신실하게 대하실 것이다.

이것이 신부의 신랑으로서 하나님이 하시는 행동이다. 그것이 그분의 성품이기 때문이다. 우리는 부정하게 굴어도 하나님은 끝까지 신실한 분으로 남으신다. 하나님은 우리를 버리시지 않는다. 그러는 것은 곧 그분 자신을 부인하는 것이기 때문이다. 하나님은 자신을 부인하실 수 없다(딤후 2:13).

왜 좀 더 선한 사람을 통해 일하지 않으실까?

성경에 하나님의 택함받은 백성을 포함해서 실패자가 가득하다는 사실에 의아한 적이 없는가?

이것이 내가 성경을 좋아하는 이유 중 하나다. 성경에는 온갖 실패자들이 가득하다. 이 사실이 내게 희망을 준다. 그들 같은 죄인들에게도 구원의 은혜가 있다면 나 같은 죄인에게도 구원의 은혜가 있어야 마땅하기 때문이다. 뒤에 가서 아브라함, 이삭, 야곱, 라합, 다윗, 베드로, 바울, 막달라 마리아 등과 관련해 눈살을 찌푸리게 하는 사실들을 소개할 것이다.

그들 모두 성경에서, 그리고 수 세기 동안 믿음의 영웅이라 여겨졌지만 그들도 자식에게 끔찍한 부모였고 형제에게 사랑 없는 모습을 보였다. 심지어 침실에서 문란한 짓을 벌였고, 거짓말을 일삼았으며, 간음과 살인을 저질렀고, 외국인 혐오와 인종 차별을 보였으며, 불경스러운 겁쟁이요 무자비한 공격자들이었다.

일단 지금은, 하나님이 왜 이토록 형편없는 인물들을 통해 가장 놀라운 역사를 행하기로 선택하셨는지 살펴보겠다. 왜 하나님은 선한 사람들을 통해 역사하시지 않을까? 왜 하나님은 그분의 목적을 더 좋은 재료들로 이루시지 않는 것일까?

답은 간단하다. 그토록 선한 사람은 없기 때문이다. 더 좋은 재료가 없기 때문이다. 성경은 의인은 단 한 사람도 없다고 분명히 선언한다. 모든 사람, 심지어 가장 훌륭한 사람도 하나님의 영광에 미치지 못하는 죄인에 불과하다. 가장 훌륭한 사람도 죄의 속성을 품고 있다. 우리가 행하는 가장 근사한 일조차도 하나님의 완벽한 선하심과 아름다우심, 거룩하심에 비하면 더러운 옷에 불과하다(시 14:1-3; 롬 3:23; 시 51:5; 사 64:6). 하나님이 인간을 통해 선한 일을 행하시려면 '윤리를 타협하고 동기가 불순하고 위선적인' 사람을 통해 하실 수밖에 없다.

기독교인들은 하나같이 위선자들이라서 교회에 나가기 싫다고 말하는 사람들을 자주 본다. 그들의 평가는 지극히 옳다. 위선자가 '언행이 일치하지 않는 사람', '자기가 말하는 믿음대로 살지 못하는 사람'을 뜻한다면 위선자 아닌 기독교인은 단 한 사람도 없다. 하지만 우리의 위선은 기독교 신앙을 부정하지 못한다. 오히려 기독교 신앙을 확증해 준다. 예수님은 의인이 아닌 불의한 자들, 죄 없는 자들이 아닌 죄인들을 위해 오셨다. 자신에 관한 이런 현실을 인정하지 않고서는 아무도 그리스도인이 될 수 없다.

우리 교회 교인이 될 때 모든 성도 앞에서 공개적으로 답해야 할 첫 번째 질문은 이것이다. "당신이 하나님 앞에서 그의 주권적인 자비로 구원받을 소망 없이 그분의 진노를 당해 마땅한 죄인이라고 인정합니까?"

그리고 두 번째 질문은 이것이다. "주 예수 그리스도를 하나님의 아들이요 죄인들의 구주로 믿고, 오직 그분이 복음 안에서 제시하신 구원만을 받아들이겠습니까?"

두 질문에 대해 모두 "그렇다"라고 답한 사람만이 그리스도인이라는 의미를 제대로 이해한 것이다. 우리는 스스로 그리스도인의 지위를 얻은 거룩한 사람들이 아니다. 우리는 은혜로 구원받은 죄 많은 사람들이다.

하나님이 위선자가 아닌 사람들을 통해서만 역사하셨다면 예수님 말고는 아무도 하나님의 역사에 동참하지 못했을 것이다. 문제는 기독교인들이 위선자인지 아닌지가 아니다. 우리 모두는 틀림없는 위선자이기 때문이다. 문제는 우리가 자신의 위선을 겸손히 의식하고 마땅히 슬퍼하느냐는 것이다.

하나님은 교만한 위선자를 반대하시지만, 겸손한 위선자에게는 은혜를 베푸신다. "하나님이여 나는 다른 사람들과 같지 아니하고 이 세리와도 같지 아니함을 감사하나이다"라고 기도하며 스스로를 자랑하는 도덕주의자들에게 하나님은 심판으로 반응하신다. 반면, 자신의 죄를 깨닫고 "불쌍히 여기소서 나는 죄인이로소이다"라고 기도하는 죄인들에게는 의롭게 하는 은혜로 반응하신다(약 4:6; 눅 18:9-14).

천국에 가면, 맞닥뜨린 세 가지 상황에 머리를 긁적이지 않을까 싶다. 첫째, 이 세상에서 선하다고 알려진 사람들이 그곳에 없는 것을 보고 고개를 갸웃거릴 것이다. 둘째, 악하다고 알려진 사람들이 그곳에 있는 것을 보고 깜짝 놀랄 것이다. 그리고 온전한 영광 중에 계신 예수님을 대면하고서 우리 '자신이' 그곳에 있다는 사실에 놀랄 것이다.

구원에 관한 성경의 가르침(오직 그리스도 안에서 오직 믿음을 통해 오직 은혜로 구원을 받는다)으로 볼 때 성자로 알려진 사람 중 많은 사람이 천국에 있을 것이라고 절대적으로 확신한다. 그들은 이생에서 성령의 열매, 곧 사랑과 희락과 화평과 오래 참음과 자비와 양선과 충성과 온유와 절제의 열매를 분명히 보여 준 사람들이다(갈 5:22-23). 그들은 날마다 그리스도를 닮아 가는 모습을 보여 준 사람들이다. 또한 그들은 누가 봐도 선하고 거룩한 삶을 살면서도 그런 것을 의지하지 않고 삶과 죽음의 유일한 소망으로 오직 그리스도의 삶과 죽음, 장사, 부활을 의지한 사람들이다.

그런데 천국에는 이생에서 눈에 띄게 선하고 거룩하게 살지 않았는데도 그렇게 산 사람들과 마찬가지로 예수님을 믿는 믿음을 통해 은혜로 하나님 나라에 들어간 사람도 있을 것이다.

알코올 중독자였다가 회복된 사제가 쓴 다음 글은 불합리하게 들릴 수도 있지만 엄연한 사실이다.

흰 예복을 입고 보좌와 어린양 앞에 서 있는 수많은 사람들 중에 …… 두 살배기 아들을 먹여 살리기 위해 다른 일자리를 찾을 수 없었다고 내게 눈물을 흘리며 말하는 매춘부를 보게 될 것이다. 낙태를 하고서 죄책감과 후회에 시달리는 여인을 보게 될 것이다. …… 막대한 빚에 시달리다가 절박한 상황에서 부정한 거래를 한 사업가, 인정 중독증에 빠져 설교단에서 쓴소리 한 번을 하지 않고 무조건적인 사랑을 갈구한 열등감에 사로잡힌 목회자(흠 ……), 아버지에게 성폭력을 당하고서 거리에서 몸을 팔고 있는 10대 소녀 …… 그곳에 이들이 있을 것이다. 바로 '우리'가 있을 것이다. 충성스럽게 살기를 그토록 원했지만 때로 실패하고 삶의 무게에 무너지고 시험에 지고 인생의 환난으로 피범벅이 된 옷을 입었지만 그런 와중에도 끝까지 믿음을 부여잡은 수많은 무리가 있을 것이다.[2]

망가진 할렐루야도 여전히 할렐루야다. 하나님은 그 할렐루야도 달콤하기 그지없게 들으신다.

거룩하신 하나님, 범접할 수 없는 빛 가운데 사시는 하나님, 악을 보실 수 없을 만큼 순결한 눈을 지니신 하나님. 그런 하나님이 '예수님을 통해' 자비를 호소하는 죄인들의 지친 음성을 듣고 그들을 환영하시며 그들과 같은 식탁에 마주 앉으신다(딤전 6:16; 합 1:13; 눅 15:1-2). 그분은 그들을 환영하실 뿐 아니라, 그분의 일에 동참할 능력을 부어 주신다.

"기꺼이 빚을 떠맡겠습니다"

나는 바나나 빵을 무척 좋아한다. 바나나 빵은 우리가 미처 이해할 수 없는 재료로 하나님이 무엇을 만드시는지 조금이나마 보여 주는 비유가 될 수 있다.

제빵사들은 다 알겠지만 바나나 빵의 핵심 재료는 썩은 듯한 바나나다. 단순히 잘 익은 바나나가 아니라 썩은 듯한 바나나, 노란 바나나가 아니라 갈색 바나나, 탱탱한 바나나가 아니라 흐물흐물해진 바나나, 매끈매끈한 바나나가 아니라 찐득거리는 바나나. 바나나 빵을 제대로 만들려면 흐물거리고 찐득거리는 썩은 듯한 갈색 바나나를 믹싱 볼에 넣어야 한다. 이런 바나나를 설탕, 소금, 버터, 밀가루 같은 재료들과 섞어서 데우면 입에서 살살 녹는 별미가 탄생한다.

하나님은 자신의 썩은 마음 상태를 겸손히 인정하고 회개하는 죄인들이라는 재료로 선을 빚어내신다. 이 재료에는 한때 간음과 살인을 저질렀지만 이렇게 기도한 다윗 같은 죄인도 포함된다. "하나님이여 주의 인자를 따라 내게 은혜를 베푸시며 주의 많은 긍휼을 따라 내 죄악을 지워 주소서 나의 죄악을 말갛게 씻으시며 나의 죄를 깨끗이 제하소서"(시 51:1-2)

이는 나단 선지자가 밧세바와의 간음을 지적했을 때 다윗이 드린 기도다. 다윗과 동침할 당시 밧세바는 다윗의 가장 충성스러운 친구이자 장군인 헷 사람 우리아와 결혼한 상태였다. 나중에 다윗은 밧세바가 자신의 아이를 임신한 사실을 알고서 우리아를 살해하기까지 했다. 수 세기 뒤 마태복음은 예수님의 가계도에서 성적 충동에 넘어가 권력을 남용해서 벌인 약탈적인 다윗의 죄, '썩어서 끈적거리는' 죄를 언급한다. "이새는 다윗왕을 낳으니라 다윗은 우리야의 아내에게서 솔로몬을 낳고"(마 1:6).

바로 이 다윗이 시편의 거의 절반을 썼다. 나중에 하나님은 그에 관해 이렇게 말씀하셨다. "내가 이새의 아들 다윗을 만나니 내 마음에 맞는 사람이라 내 뜻을 다 이루리라"(행 13:22).

가장 놀라운 사실은 신약 기자들이 계속해서 예수님을 "다윗의 자손"이라 부르며 그를 떠올렸다는 점이다.

한번은 결혼식 피로연장에서 린지라는 이름의 여성을 만났다. 린지는 내 설교가 마음에 들어서 우리 교회에 다니고 싶다고 말했다. 내가 우리 교회 문은 그녀에게 항상 열려 있다고 말하자 그녀는 고개를 내저었다. "아이고, 저를 몰라서 하시는 말씀이세요. 저는 교회에 다니기에는 너무 큰 죄인이랍니다."

나는 린지에게 예수님에 따르면 교회에 다니지 못할 만큼 큰 죄인이 되는 것은 불가능하다고 설명했다. 교회는 바로 죄인들을 위한 곳이기 때문이다. 아니, 교회는 오직 죄인들만을 위한 곳이다. 교회에 맞지 않는 유일한 사람들은 스스로 죄인이 아니라고 생각하는 사람들뿐이다. 스스로 죄인이 아니라고 생각하는 사람들에게 교회가 줄 수 있는 것은 아무것도 없다. 예수님도 그런 사람들에게는 아무것도 제시하시지 않는다.

당신을 향한 예수님의 사랑과 애정을 의심해 왔는가? 그렇다면 다시 생각해 보는 것이 어떤가? 일단 그분께로 3센티미터만 더 다가가서 무슨 일이 벌어지는지 보지 않겠는가? 때로 당신이 3센티미터의 믿음만 보여도 예수님은 수백 킬로미터에 달하는 사랑과 애정을 보여 주신다. 때로 당신이 극소량의 간구만 해도 예수님은 온 바다를 채우고도 남을 만큼 큰 긍휼과 관심으로 보답해 주신다.

나아가 당신이 단지 예수님을 더 알기를 원한다면, 그분의 새로운 자비를 받고자 원한다면, 당신이 그것을 원한다는 사실 자체가 이미 그분의 은혜를 받았다는 증거라는 사실을 아는가? 아무리 작은 바람이라도 그분을 알고자 한다면 그것은 당신을 얻으시려는 하나님의 측량할 수 없는 바람을 보여 주는 증거다. 그분께 가까이 다가가고 싶은 마음이 아주 작은 조각만큼 있다 해도 그것은 그분이 당신을 향해 껑충 뛰셨다는 증거다. 그분이 바로 당신과 함께하기 위해 하늘에서 낮은 이 땅까지 뛰어내리셨다.

불쌍한 죄인이여, 당신이 교회나 예수님께 속하기에는

너무 큰 죄인이라고 생각하지 말라. 죄가 넘치는 곳에 언제나 은혜가 더욱 넘친다(롬 5:20). 이것을 알고 나면 우리를 통해 의미 있는 열매를 맺으시는 하나님을 보게 된다.

릭 워렌 목사의 말처럼 "하나님의 은혜의 동산에서는 심지어 상한 나무도 열매를 맺는다."[3]

하나님의 은혜의 동산에서 겟세마네 동산보다 더 중요한 동산도 없다. 겟세마네 동산에서 예수님은 아버지께 곧 받아야 할 고난의 잔을 면하게 해 달라고 간청했다. 그 잔은 이스라엘 국가, 아브라함, 이삭, 야곱, 다윗, 우리 같은 사람들이 지은 죄를 용서하기 위해 십자가를 지는 것이었다. 겟세마네 동산에서 신랑은 이렇게 기도하셨다.

"내 아버지여 만일 할 만하시거든 이 잔을 내게서 지나가게 하옵소서 그러나 나의 원대로 마시옵고 아버지의 원대로 하옵소서"(마 26:39).

우리를 상처 입게 할 필요가 없도록 독생자를 상하게 하는 것이 아버지의 뜻이었다. "여호와께서 그에게 상함을 받게 하시기를 원하사 질고를 당하게 하셨은즉 그의 영혼을 속건제물로 드리기에 이르면 그가 씨를 보게 되며 …… 그의 손으로 여호와께서 기뻐하시는 뜻을 성취하리로다 그가 자기 영혼의 수고한 것을 보고 만족하게 여길 것이라 …… 많은 사람을 의롭게 하며 또 그들의 죄악을 친히 담당하리로다"(사 53:10-11).

다윗의 자손 예수님은 기꺼이 고난의 종이 되셨다. 덕분에 다윗을 비롯해서 그와 같은 모든 이들이 심판을 면할 뿐 아니라, 지치고 굶주린 세상을 위한 하나님 은혜의 달콤한 제물로 변할 수 있게 되었다. 예나 지금이나 이것이 창세전에 성부 하나님과 성자 예수님 사이에 이루어진 언약의 주된 목적이다. 에스겔 선지자는 이것을 하나님의 "화평의 언약"으로 불렀다. 이것은 영원한 언약이다. 수시로 방황하는 백성에 대한 하나님의 약혼과 혼인 서약과 마찬가지로 이 언약은 번복하거나 무효화할 수 없다.

언약이라는 표현이 구식처럼 들릴지 모르지만 성부와 성자 사이의 대화는 화평의 언약의 본질과 막대한 대가를 잘 보여 준다. 청교도 목사이자 저자인 존 플라벨은 다음 대화에서 이 언약을 더없이 영광스럽고도 아름다우면서 매력적으로 표현하고 있다.

성부 아들아, 여기 가련한 영혼들이 있다. 이 영혼들은

완전히 망해서 이제 내 정의의 심판을 받게 생겼다. 내
정의는 충족을 요구한다. 그 요구를 충족시켜 주지 않으면
이 영혼들을 영원히 파멸시켜 스스로를 충족시킬 것이다. 이
영혼들을 어떻게 해야 할까?

성자   오, 아버지, 저는 저들을 너무도 사랑하고 불쌍히
여겨서 저들이 영원히 멸망하게 놔두느니 내가 저들의
담보로서 책임지겠습니다. 저들의 청구서를 모두 주십시오.
저들이 당신께 무엇을 빚졌는지 제가 보겠습니다. 아버지,
나중에 정산할 것이 하나도 남지 않도록 모두 주십시오. 빚을
제게 청구하십시오. 저들이 당신의 진노를 당하게 놔두느니
제가 당하는 편을 선택하겠습니다. 아버지, 저들의 모든 빚을
제게 돌리십시오.

성부   하지만 아들아, 네가 저들을 위해 빚을 갚는다면
마지막 동전 한 닢까지 갚아야 한다. 삭감은 불가능하다.
조금이라도 남는다면 저들을 살려 둘 수 없다.

성자   좋습니다, 아버지. 그렇게 하십시오. 모든 빚을 제게
돌리십시오. 제가 다 갚을 수 있습니다. 그러려면 제가 망해야
하지만, 제 모든 부를 잃어야 하지만, 제 모든 보화를 내놓아야
하지만, 기꺼이 빚을 떠맡겠습니다.[4]

하나님이 우리에게 지극히 낮은 잣대를 적용하시는 것은 예수님에게 지극히 높은 잣대를 적용하셨기 때문이다. 아니, 예수님은 우리를 위해 아예 잣대를 치워 버리셨다. 이제 우리 삶에 있는 모든 썩은 것들, 심지어 죽은 것들도 다시 살아날 수 있다. 우리 안에서 잃어버린 모든 것을 다시 찾을 수 있다. 우리 안에 있는 모든 갈망이 다시 충족될 수 있다. 아버지는 탕자들이 집으로 돌아오기만을 눈이 빠지게 기다리고 계신다.

이것이 참이라는 것을 안다면 어찌 일분일초라도 지체할 수 있으랴? 어찌 노래하지 않을 수 있으랴?

하나님은 가장 약하고 굴욕적인
우리의 자리로 오셔서 생명을 불어넣으신다.
우리를 일으켜 세운 다음,
그분의 사랑을 노래하라고, 춤추는 자리로 나오라고,
결혼식장에서 영광스러운 자리에 앉으라고 초대하신다.

위선자가 '언행이 일치하지 않는 사람',
'자기가 말하는 믿음대로 살지 못하는 사람'을 뜻한다면
위선자 아닌 기독교인은 단 한 사람도 없다.
하지만 우리의 위선은 기독교 신앙을 부정하지 못한다.
오히려 기독교 신앙을 확증해 준다.

우리는 스스로 그리스도인의 지위를 얻은
거룩한 사람들이 아니다.
우리는 은혜로 구원받은 죄 많은 사람들이다.

때로 당신이 극소량의 간구만 해도
예수님은 온 바다를 채우고도 남을 만큼
큰 긍휼과 관심으로 보답해 주신다.

망가진 할렐루야도 여전히 할렐루야다.
하나님은 그 할렐루야도 달콤하기 그지없게 들으신다.

교회에 다니지 못할 만큼 큰 죄인이 되는 것은 불가능하다.
교회는 바로 죄인들을 위한 곳이기 때문이다.
스스로 죄인이 아니라고 생각하는 사람들에게
교회가 줄 수 있는 것은 아무것도 없다.
예수님도 그런 사람들에게는 아무것도 제시하시지 않는다.

때로 당신이 3센티미터의 믿음만 보여도
예수님은 수백 킬로미터의
사랑과 애정을 보여 주신다.

프롤로그 8

죄와 약함을 그대로 고백하되,
은혜로 나를 평가할 때

우리 교회는 교회 지하 공간 모임을 다시 활성화하고 있다. 교회 지하는 중독 치료(회복) 모임이 자주 모이는 공간이다. 그곳에서 삶의 변화가 나타난다. 중독에 시달리는 사람들이 그곳에서 자신을 솔직히 드러내고 다시 일어선다.

이런 모임이 지하를 선호하는 것은 저마다 소중히 여기는 모든 것을 잃고 나락으로 추락했기에 가장 낮은 곳이 심적으로 편하게 느껴져서일지도 모르겠다. 나락으로 떨어질 때 인간은 자신에게 평생 치유가 필요하다는 사실을 깨닫는다.

우리가 약하고 불완전하다는 사실을 인정하는 것은 약함의 증거가 아니라 오히려 강함의 증거다. 그런 인정은 치유를 가능하게 한다. 땅바닥에 엎드려 예수님의 옷자락을 만졌던 혈루병 걸린 여인은 이 사실을 알았다. 땅에서 밤새 하나님과 씨름했던 야곱도 이 사실을 알았다. 여인의 경우, 그 낮은 자리에서 피가 멈추었다. 야곱의 경우, 낮은 땅에서 씨름할 때 절뚝거리며 세상으로 돌아갈 능력을 얻었다.

우리의 손가락이 더 이상 밖으로 향하지 않고 안을 향할 때 우리는 지하로 내려온 셈이다. 책임을 전가하지 않고 죄를 고백할 때 우리는 치유가 일어나는 낮은 곳으로 내려온 셈이다.

"너희 죄를 서로 고백하며 병이 낫기를 위하여 서로 기도하라"(약 5:16).

중독 치료 모임에서는 다른 사람들 앞에서 자신의 전부를 고백하게 한다. 다른 사람들 앞에 서서 가장 먼저 하는 일은 자신의 이름을 말하는 것이다. 그 뒤에는 자신의 가장 큰 문제가 무엇인지를 밝힌다. 그 문제는 바로 거울 안에 보이는 사람이다. 거울에 비친 자신이 외부 힘이나 정치인, 다른 사람 때문이 아니라 자기 때문에 중독에 빠졌다고 인정한다. 내가 다른 누군가의 희생자가 아니라, 내가 내 가장 큰 적이요 해라고 인정할 때 비로소 회복이 이루어진다. 스스로 포르노의 바다나 성매매, 폭음, 마약, 폭식, 일중독, 자기애, 이단에 빠졌다고 인정해야 한다.

회복 모임에서 변명은 용납되지 않는다. 더 이상 손가락질이나 책임 전가는 없다. 희생자 코스프레도 없다. 모두 자기 잘못이다. 사람들 앞에 서서 "안녕하세요. 저는 아무개입니다. 저는 ○○중독자입니다"라고 고백해야 한다.

그러면 모두가 공감 어린 목소리로 대답한다. "안녕하세요, 저는 아무개입니다." 이는 "저도 중독자입니다"라는 말의 다른 표현이다. 이어서 자신의 이야기를 하며 자신이 중독을 이겨 낼 힘이 없고 스스로 중독을 관리할 힘이 없다고 인정한다. 그리고 자신이 남들에게 가한 상처에 탄식한다. 모임 끝 무렵이 되면 서로 돕는 안전한 공동체 안에서 오직 '자신보다 더 큰 힘'을 통해서만 온전한 정신을 회복할 수 있다는 믿음을 선언한다. 그 힘을 통해서만 자신이 스스로 만든 문제에서 벗어나고 자신이 상처 입힌 사람들과 화해할 수 있다고 말한다.

자신의 실패를 있는 그대로 인정하는 것이 성공적인 회복의 열쇠다. 자신의 가장 나쁜 특성들과 자신이 했던 가장 파괴적인 선택들을 솔직히 고백해야 한다. 자신의 선택으로 고통받는 사람들의 문제를 바로잡아 주어야 한다. 회복은 '자신의 약함과 절제력 부족에 대한 인정'이라는 기초 위에서 이루어진다. 회복의 중요한 첫 단추는 바로 '인정'이다. 하나님은 교만한 자를 반대하시지만 겸손한 자에게는 은혜를 베푸신다(약 4:6). 우리는 약할 때, 아니 약할 때만이 강해질 수 있다(고후 12:10).

많은 회복 모임이 중독자들이 다시 일어서도록 돕는 이른바 '더 높은 힘'을 제시한다는 점에서 너무 막연하다는 비판을 받곤 한다. 참여자들에게 하나님이나 예수님이 아니라 일단 '뭐든 자신이 생각하는 신'을 의지하라고 권하는 것이다. 우리가 만들어 낸 신은 전혀 진짜 신이 아니라는 점에서 이 비판은 합당하다. 무신론자 철학자 볼테르의 말처럼 "태초에 하나님은 자신의 형상을 따라 인간을 창조하셨고 그 뒤로 인간은 그 보답을 하기 위해 노력해 왔다."

우리의 상상력과 지각력, 취향과 맞아떨어지는 신은 사실상 신이 아니라 우리가 만들어 낸 개인 조수나 컨설턴트에 가깝다. 우리 마음대로 신을 만들어 내면 통제권은 우리에게 있다. 이는 우리가 아무것도 통제할 수 없다고 인정하는 태도와 완전히 상반된다. 또한 이것은 하나님의 신성을 부정하고 훼손한다. 진짜 하나님은 우리가 창조하거나 개조할 수 있는 분이 아니다. 오히려 하나님은 우리에게 그분을 닮도록 우리를 변화시키고 바로잡으신다. 이와 반대의 관점으로 그분께 접근하려는 시도는 어리석은 짓이다.

구체적으로 '하나님'과 '예수님'을 부르면서 회복 중인 이들이 있다. 사실, AA(Alcoholic Anonymous; 익명의 알코올중독자들) '12단계' 프로그램은 기독교에 기원을 두고 있으며 많은 사람들을 그리스도께로 인도하는 도구 역할을 톡톡히 했다. 이 프로그램의 기초가 기독교라면 아예 처음부터 하나님과 예수님을 '더 높은 힘'으로 부르면서 시작하는 것이 낫지 않은가? 왜 참여자들에게 선택권을 주는가? 여전히 이해가 안 가는 구석들이 있지만, 몇 년 전 그 회복 모임이 구체적인 대상을 지정하는 않는 한 가지 이유를 발견했다.

왜 그렇게 기독교라면 치를 떨까?

사만다와 그레그를 처음 만난 것은 이들과 나를 다 알고 있는 한 친구를 통해서다. 그 친구가 상담을 받아 보라며 그들에게 나를 추천해 주었다. 두 사람 모두 알코올 중독에서 회복하는 중이었다. 둘은 사귄 지 몇 개월 만에 사만다가 예기치 못한 임신을 하는 바람에 그에 대한 조언을 구하고 있었다. 그레그는 최근 다른 여성과 이혼했고, 둘 다 수중에 가진 돈이 거의 없었다. 두 사람은 자신들과 아직 태중에 있는 아기를 위해 어떤 결정을 내려야 할지 몰라 도움을 구하고 있었다. 이 일로 사만다는 계속해서 불안과 공포에 시달리고 있었다. 친구는 사만다와 그레그에게 목사인 내가 무료로 도와줄지도 모른다고 말했다.

첫 만남에서 사만다는 목사에게서 상담받는 것이 부담스럽다는 점을 밝혔다. 그녀는 예수님 이야기는 꺼내지 말라고 강하게 요청했다. "예수라는 이름이 나오면 다시는 절 볼 생각하지 마세요. 저한테 예수 이야기를 하는 사람들은 하나같이 저를 꾸짖고 비난만 했어요. 격려하고 사랑해 주는 사람은 단 한 명도 못 봤다고요. 예수 이야기라면 이젠 진절머리 나요. 이 점을 존중해 주시겠어요?"

나는 두 사람에게 예수님을 믿는다면서 그분을 정죄하는 분으로 왜곡해서 보는 사람이 더러 있다고 설명했다. 사만다가 내게 묘사한 예수는 나도 다가가고 싶지 않은 예수였다. 성경에 소개된 진짜 예수님은 사만다와 그레그처럼 곤경에 처한 사람들을 꾸짖고 모욕하고 정죄하는 분이 아니시다. 그와는 정반대이시다. 진짜 예수님은 그런 곤경에 처한 사람들을 불쌍히 여기신다. 그분은 그들을 거부하고 비웃으며 등 돌리지 않고 오히려 사랑으로 더 가까이 다가가신다. 그분은 죄인들을 환영하시고 함께 식사하시며, 절뚝거리며 집으로 돌아오는 탕자들을 위해 잔치를 준비하시는 분이다(눅 15:1-32). 정말 기쁜 소식이지 않은가?

"그래서 예수라는 이름을 사용하시겠다는 건가요?"

사만다가 물었다.

목사로서 결정해야 했다. 그냥 밀고 나갈까? 무료 상담이니 예수님과 나를 한 세트로 받아들여야 한다고 주장할까? 아니면 사만다와 그레그를 일단 그들이 바라는 선에서 만나고, '이름을 부르지 말아야 하는 분'이 그 대화를 어디로 이끄실지 지켜봐야 할까?

문득 그리스 아덴(아테네) 지식인들과 바울의 만남이 떠올랐다. '더 높은 힘'에 관한 이 지식인들의 믿음은 구체적이지 않고 막연했다. 바울은 그들을 꾸짖거나 모욕하거나 정죄하는 대신, 일단 더 높은 힘에 대한 그들의 믿음을 인정해 주면서 대화를 시작했다.

"아덴 사람들아 너희를 보니 범사에 종교심이 많도다."

바울은 그들의 생각이 머문 현재 자리에서 시작하여 역사와 논리의 긴 여정을 통해 그들이 알려고 노력해 온 참된 신이 바로 예수님이라는 사실에 이르렀다. '뭐든 자신이 생각하는 신'으로 시작된 대화는 '이 신은 사실 예수님이다'로 마무리되었다. 몇몇 아덴 사람들이 마침내 예수님을 믿게 되었다(행 17:16-34).

그래서 나는 사만다의 조건을 받아들였고, 우리는 예수

님을 언급하지 않고도 매우 훈훈하면서도 의미 있는 대화를 나누었다. 비록 예수님을 언급하지 않았지만 번영에 관한 그분의 비전이 그녀에게로 스며들었다. 뜻밖에도 나는 많은 기독교 주석가와 설교자들보다도 이 두 무신론자 중 독자들이 표현한 바람에서 하나님에 관해 더 많은 것을 배울 수 있었다. 그리고 그들도 내게서 몇 가지를 배웠다.

상담 기간이 끝나갈 무렵, 사만다와 그레그는 예수님을 향한 사랑과 믿음을 고백했다. 나는 사만다의 부모 집 거실에서 두 사람의 결혼식을 주례했다. 당시 사만다는 임신 8개월이었다. 나중에 사만다는 우리 교회의 집사가 되었고, 그 부부는 AA에서 사귄 친구들을 교회로 초대하기 시작했다. 그들 중 많은 사람이 '뭐든 자신이 생각하는 신'에서 '예수님이 그 하나님이시다'로 돌아섰다. 또한 그들 중 많은 사람이 우리 교인이 되어 우리 교회 안에서 솔직한 고백의 새 바람을 일으켰다.

이 중독자들은 자신도 모르는 사이에 우리 교회의 분위기를 바꿔 놓았다. 즉 그들은 자신들의 중독을 솔직하게 이야기하고 중독 치료에 예수님이 필요함을 고백했다. 진솔하게 죄를 고백하는 태도는 또 다른 종류의 중독자들인 우리에게 그대로 전해졌다.

예수님에 관한 이전 경험에서 비롯한 사만다의 태도를 생각해 보자. 왜 우리는 꾸지람과 모욕, 정죄 같은 것들을 그토록 두려워하는가? 왜 이전의 사만다처럼 예수님만 생각하면 마음 깊은 곳의 상처가 다시 터지는 사람이 그토록 많은 것일까?

부분적으로 그것은 우리가 은혜보다 심판을 강조하는 개인과 교회에서 예수님에 관한 그릇된 관념을 얻었기 때문이 아닐까 싶다. 또한 자신이 선하지 못하고, 스스로의 힘으로는 충분히 선해질 수 없다는 사실을 마음 깊은 곳에서 잘 알고 있으면서도, 동시에 인간이라면 실수하는 것이 당연하다고 생각하지 않는 경향이 있다. 처음부터 하나님의 법이 새겨진 우리 마음이 우리에게 온전해져야 한다고 말하기 때문이다(마 5:48).

심지어 우리는 자신의 기준에도 미치지 못하기 때문에 방어적인 태도와 수치심에 빠지고, 그것을 약물로 다루거나 숨기려고 한다. 내심 창피하던 차에 다른 사람에게서 꾸지람, 모욕, 정죄 같은 말을 들으면 신경이 바짝 곤두선다. 동시에 아이러니하게도 우리는 남들을 꾸짖고 모욕하고 정죄하는 사람으로 변한다. 마치 자신들이 벌거벗은 줄 알고 창피함을 깨달은 뒤의 아담과 하와처럼 행동한다. 그들은 자신들의 망가짐을 깨닫고서 서로를 공격하며 하나님의 선하심을 의심한다. 상처받은 사람들이 다른 사람들에게 상처를 준다.

목사도 한낱 연약한 인간일 뿐

잘 알지 못하는 당신에 관해서는 말할 수 없어도 나에 관해서는 자신 있게 이야기할 수 있다. 나는 거의 30년 가까이 매일 기도하고 성경을 읽었으며 25년 넘게 매주 예수님을 전해 왔지만 여전히 부족한 사람이다. 나는 여전히 예수님을 닮은 모습과는 한참 거리가 있다. 그 이유를 말하는 것조차 두렵다. 하지만 한번 용기를 내 보겠다.

목사는 죄의 문제를 해결했으며, 최소한 남들보다는 죄를 잘 다룬다고 착각하는 사람들이 더러 있다. 그들에게 목사는 남들보다 높은 영성을 갖춘 '신앙의 대가들'이다. 하지만 우리 가족이나 친구, 동료, 동료 사역자들에게 물어보면 실상은 목사에게 예수님을 닮지 않은 모습이 훨씬 더 많다는 사실을 알게 될 것이다. '하나님의 온전한 순결'과 '우리의 더러운 죄' 사이의 간격은 측량할 수 없을 만큼 크다. 극복할 수 없을 만큼 또한 답이 안 나올 만큼 크다. "오호라 나는 곤고한 사람이로다 이 사망의 몸에서 누가 나를 건져 내랴"(롬 7:24).

알렉산드르 솔제니친은 이렇게 말했다. "선과 악을 가르는 선은 나라나 계급, 정당을 통과하는 것이 아니라 모든 인간 마음의 한가운데를 통과한다. …… 심지어 최상의 상태의 마음속에도 …… 뿌리 뽑히지 않은 작은 악의 구석이 …… 남아 있다."[1]

나 자신을 가장 솔직하게 돌아보면 이 말은 옳게 들릴 뿐 아니라 옳게 느껴진다. 이 느낌은 내가 목사라는 사실에도 불구하고가 아니라 내가 목사여서 더욱 강하게 존재한다. AA의 '빅북'(The Big Book)과 친해져야 하는 중독자들처럼, 성경과 친밀해져야 하는 일을 하다 보면 겸손해질 수밖에 없다.

여느 사람들과 똑같이 우리 목사들도 믿는 동시에 의심한다. 참을성 있게 듣는 동시에 이성을 잃는다. 이타적으로 나눠 주는 동시에 이기적으로 행동한다. 아침에는 설교하고 저녁에는 험담한다. 기도하지만 때로는 욕도 하고, 친절할 때도 있지만 상처 줄 때도 있다. 소망을 품으면서도 한편 냉소주의에 빠진다. 부드러울 때도 있지만 짜증을 내기도 한다. 사랑하는 동시에 미워한다. 용감한 동시에 비겁하다. 믿음 있는 사람처럼 굴다가도 이내 연약한 모습을 보인다. 열심히 일할 때도 있지만 게으름을 피울 때도 있다. 심지어 최상의 상태인 순간에도 우리는 한 입으로 두 말을 하는 존재들이다.

어떤 목사는 자신을 가장 신랄하게 비판하는 사람에게 이렇게 말했다. "저에 관해 '겨우' 그 부분만 지적해 주셔서 고맙습니다. 아직 제 문제의 나머지 절반은 모르시는군요."

내가 고등학교 시절에 저지른 나쁜 짓에 관한 기억이 지금도 나를 쫓아다닌다. 머릿속에서 지워 버리고 싶은 기억이다. '프롤로그 1'에서 했던 이야기를 이어서 해 보면, 내게는 아무리 떨치려고 해도 떨치지 못하는 고통스러운 기억이 하나 있다.

당시 나는 불안감과 두려움에 휩싸인 방황하는 청소년이었다. 나는 맹수가 바글거리는 교실이라는 정글에서 산 채로 잡아먹히지 않으려 안간힘을 쓰고 있었다. 그래서 하루는 학급의 광대 노릇을 자처하여 맹수 무리에 들어가기로 결심했다. 1교시에 에이미라는 착하고 수줍음 많은 여자아이에게 "너는 못생긴 ○○○야!"라고 큰 소리로 놀린 것이다. 순간 교실은 웃음바다가 됐고, 에이미는 울음을 터뜨렸다. 같은 날 4교시에 데이비드라는 아이가 수학 문제에 틀린 답을 내놓자, 나는 즉시 "이런 멍청이! 답은 이거잖아!"라고 놀려 댔다. 아이들은 큰 소리로 웃었고 데이비드는 어쩔 줄 몰라 했다.

친구를 괴롭힌 내 행동이 반 아이들을 웃게 만들었지만 속으로는 그렇게 수치스러울 수가 없었다.

우리는 왜 남들을 괴롭힐까? 자신이 괴롭힘을 당할까 봐 두려워서가 아닌가? 왜 우리는 연약하고 불완전한 다른 인간들 앞에서 센 척을 할까? 속으로는 자신이 한없이 작게 느껴지기 때문 아닌가? 치유의 힘을 경험해 보지 못해서 아닌가? 아니면 다른 이유가 있는가?

나는 전혀 못생기지 '않은' 여자아이와 전혀 멍청이가 '아닌' 남자아이를 희생 제물로 삼아 아이들을 웃기는 데 성공했지만 내가 저지른 추하고 어리석은 짓에 깊은 수치심을 느꼈다. 그 뒤로도 이 수치심을 떨쳐 낼 수 없었다. 또다시 압박감이 오는 상황에서 갈고닦은 내 말솜씨가 무자비하고 살인적인 칼로 돌변해 다른 영혼들을 난도질하는 상상을 수시로 하면서 괴로워하곤 했다. 몽둥이와 돌은 사람의 뼈를 부러뜨리지만 내가 내뱉은 말은 훨씬 더 깊은 부위까지 망가뜨릴 수 있다. 나는 부정한 입술의 소유자이며, 부정한 입술의 소유자들 사이에서 살고 있다.

죄 고백의 힘

3년 전 내 고향 내슈빌에서 열린 기독교 집회에서 우연히 옛 친구를 만났다. 대학 시절 우리는 술을 비롯해서 온갖 어리석고도 위험한 행동을 하곤 했다. 당시에는 우리가 멋지게 살고 있다고 착각했고 서로에게 이런 행동을 더욱 부추겼다. 그러던 우리가 거의 30년이 지나 둘 다 정신을 차려 기독교 집회에 참석하고 있었다.

그 친구는 어색한 침묵을 깨고 이렇게 말했다.

"한마디만 할게. 정말 미안하다."

"두 마디네."

나는 농담을 건네고 나서 이렇게 말했다. "나도 미안하다. 그리고 대학 시절보다 나아진 모습으로 네 앞에 설 수 있어서 다행이야. 이제 나는 예수님의 친구야. 그분이 나를 네게 더 좋은〔더 정신을 차린〕 친구로 만들어 주시리라 믿어."

다음 날 아침 친구는 뜻밖에도 우리 교회에 찾아왔고, 그와 그의 아내는 성찬식에 참여했다. 실로 놀랍지 않은가.

내가 왜 이런 이야기를 하는 것일까? 목사와 중독자가 다른 점보다는 닮은 점이 더 많다는 것을 모두가 알아야 한다고 생각하기 때문이다. 사실, 목사 중에 중독자가 많고, 중독자 중에도 목사가 많다. 이 사실을 알고 인정하면 우리가 하는 일에 지장이 있기는커녕 그 일을 오히려 더 잘할 수 있게 된다.

목사의 중독은 개인적인 야망에서 통제 욕구와 인정 욕구에 이르기까지 매우 다양하다. 목사도 죽는 순간까지 사라지지 않는 죄의 문제를 안고 있다. 목사도 자기 자신의 최악의 적이 될 수 있다. 목사인 우리가 아무리 노력해도, 긍정적인 생각이나 다짐을 아무리 많이 해도, 이 상황은 변하지 않는다.

이사야가 자신의 부정한 입술을 인정하고, 다윗이 자신의 불륜 사실을 인정하고, 바울이 자신의 죄를 인정했던 것처럼(사 6:1-8; 시 51편; 롬 7:7-25) 우리 자신에 관한 이런 사실을 인정하는 것은 용감할 뿐 아니라 건강한 반응이다. 고백함으로 깨끗해지면 하나님, 우리가 섬겨야 할 사람들, 우리 자신과의 관계가 좋아진다. 교회 지하 모임에서의 솔직한 고백을 실천하면, 자신을 실제보다 좋게 여기면서 하나님을 밀어내는 대신 훨씬 더 능력 있고 열매 가득한 삶을 살 수 있다.

자존감(self-esteem)은 과대평가된 개념이다. 예수님이 십자가에서 나를 위해 이루신 용서와 방면, 은혜에 입각해 내려지는 나에 대한 평가, 즉 나에 대해 내가 내리는 판단이 아니라 오직 우리 밖에서 오는 그분의 판단만이 나를 돕고 지탱해 줄 수 있다. 우리를 위해 고초당하시느라 망가진 예수님의 외모는 우리의 망가진 내면을 닮았다.

은혜의 교리들은 우리가 "빈손 들고 앞에 가 십자가를 붙드네. 의가 없는 자라도 도와주심 바라고 생명샘에 나가니 나를 씻어 주소서"라고 눈물 뿌려 고백할 때 비로소 놀라운 은혜가 된다.[2]

성경은 우리가 이렇게 고백할 때 어떤 일이 벌어질지 약속하고 있다. "만일 우리가 우리 죄를 자백하면 그는 미쁘시고 의로우사 우리 죄를 사하시며 우리를 모든 불의에서 깨끗하게 하실 것이요"(요일 1:9).

그래서 우리는 확신 가운데 고백할 수 있다. 기뻐하라. 당신은 엉망진창인 사람이니. 또한 당신은 당신이 꿈꿔 왔던 것보다 훨씬 더 큰 사랑을 받는 자이니.

나락으로 떨어질 때 인간은
자신에게 평생 치유가 필요하다는 사실을 깨닫는다.
우리가 약하고 불완전하다는 사실을 인정하는 것은
약함의 증거가 아니라 오히려 강함의 증거다.
그런 인정은 치유를 가능하게 한다.

진짜 하나님은 우리가 창조하거나
개조할 수 있는 분이 아니다.
오히려 하나님은 우리에게 그분을 닮도록
우리를 변화시키고 바로잡으신다.
이와 반대의 관점으로 그분께 접근하려는
시도는 어리석은 짓이다.

자존감은 과대평가된 개념이다.
오직 우리 밖에서 오는 평가,
예수님이 십자가 위에서 우리를 위해 이루신
용서와 무죄방면, 은혜에서 오는 평가만이
우리를 돕고 지탱해 줄 수 있다.

프롤로그 9

격려와 질책이
공존하는
공동체 안에 있을 때

"당신은 엉망진창이다."

이 말을 들으니까 기분이 어떤가?

어떤 이들은 죄, 죄책감, 심판, 진노, 고백 같은 단어들을 사전에서 빼 버려야 한다고 생각한다. 그런 단어는 회귀적이고 구시대적이고 야만적으로 들린다. 너무 부정적이고 음울해서 기분을 가라앉히고 사기를 꺾는 단어라는 것이다.

과연 그럴까?

어떤 이들은 자신의 밖에서 오는 사랑보다 자신의 선함이 더 좋은 자기평가의 근원이라고 믿는다. 어떤 이들은 반대 증거에도 불구하고 대부분의 사람들이 본래 선하다고 믿는다. 그런가 하면 세상에서 가장 큰 문제는 다른 사람들과 망가진 시스템(실제로 문제가 있기는 하다)이며 자신은 아무런 문제가 없다고 믿는 이들도 있다. 어떤 이들은 교회 치유 · 회복 모임에서 보내는 시간이 시간 낭비라고 생각한다. 어떤 이들은 예수님이 사려 깊고 영감을 주는 도덕 선생이지만 우리 자신에게서 구원을 받기 위해 필요한 구주는 아니라고 생각한다.

예수님을 꼭 필요한 구주로 보지 않거나 자신을 죄인으로 보지 않고 있다면 겸손한 자세로 예수님의 산상수훈을 묵상해 볼 것을 권한다. 신자나 불신자 모두 이 설교를 예수님의 도덕적 가르침 중에서도 최고봉으로 치켜세운다.

"산상수훈에 따라서 살고 싶어요."

많은 신자들이 그렇게 말한다. 하지만 예수님을 영감을 주는 도덕 선생 정도로만 보고 산상수훈을 지키면 좋은 삶의 지침으로만 본다면 그것은 큰 착각이다. 혹은 실제로 산상수훈을 읽어 보지 않은 것이 분명하다. 우리 자신의 힘으로는 이 도덕적 가르침을 절대 지킬 수 없다. 심란하게 만드는 구절 몇 가지를 소개한다.

옛 사람에게 말한 바 살인하지 말라 …… 하였다는 것을
너희가 들었으나 나는 너희에게 이르노니 형제에게 노하는
자마다 심판을 받게 되고(마 5:21-22).

또 간음하지 말라 하였다는 것을 너희가 들었으나 나는
너희에게 이르노니 음욕을 품고 여자를 보는 자마다 마음에
이미 간음하였느니라(마 5:27-28).

너희 원수를 사랑하며 너희를 박해하는 자를 위하여

기도하라(마 5:44).

한 사람이 두 주인을 섬기지 못할 것이니 …… 너희가
하나님과 재물을 겸하여 섬기지 못하느니라(마 6:24).

목숨을 위하여 …… 염려하지 말라(마 6:25).

비판을 받지 아니하려거든 비판하지 말라(마 7:1).

무엇이든지 남에게 대접을 받고자 하는 대로 너희도 남을
대접하라(마 7:12).

나더러 주여 주여 하는 자마다 다 천국에 들어갈 것이 아니요
…… 그 날에 많은 사람이 나더러 이르되 주여 주여 우리가
…… 주의 이름으로 많은 권능을 행하지 아니하였나이까
하리니 그 때에 내가 그들에게 밝히 말하되 내가 너희를
도무지 알지 못하니 …… 내게서 떠나가라 하리라(마 7:21-23).

하늘에 계신 너희 아버지의 온전하심과 같이 너희도

온전하라(마 5:48).

이런 구절에 대한 당신의 솔직한 반응은? 이런 말씀을 하신 선생에 대한 반응은? 흔하게 볼 수 있는 반응은 어리둥절해하는 것이다. 예수님은 역설적인 분이시다. 죄인들에게는 친절하시지만 죄에 대해서는 엄격하시다. 용서하는 변호사이신 동시에 의로운 심판관이시다. 연약한 어린 양이면서도 포효하는 사자이시다(롬 11:22). 이 모든 특성을 동시에 지니신 예수님. 생각할수록 머리가 빙빙 돈다.

산상수훈을 포함한 성경 전체에서 우리는 은혜와 진리, 사랑과 율법을 동시에 본다. 예수님의 은혜와 사랑으로 인해 우리는 그분께 편하게 나아갈 수 있다. 하지만 예수님의 진리와 율법은 그분이 초월적이고 위험한 존재이기도 하다는 점을 보여 준다. 도덕, 윤리, 미덕에 관한 예수님의 가르침에는 두려워 떨어야 마땅하다. 하지만 예수님께는 경외감(두려움)을 자아내는 용서도 있다(시 130:4).

예수님에 대한 경외감을 자아내는 용서.

경외감과 용서, 이 둘은 이상하고도 불가사의한 짝이다. 하지만 이것을 받아들여 하나님을 경외한다면 그 무엇도 두려워하지 않게 된다.

"두려워하지 말라 내가 너와 함께함이라 놀라지 말라 나는 네 하나님이 됨이라 내가 너를 굳세게 하리라 참으로 너를 도와주리라 참으로 나의 의로운 오른손으로 너를 붙들리라"(사 41:10).

이 약속이 말하는 소망과 안전한 울타리 안에서 우리는 교회 지하 모임의 중독자들처럼 겸손하게 고백할 수 있다. 우리가 가장 수치스러워하는 것들, 우리를 가장 지치게 하는 죄책감과 상처, 두려움을 솔직히 털어놓게 된다.

문제는 이런 약속을 믿을 수 있느냐는 것이다. 우리 자신에 관해 솔직히 고백할 만큼 이런 약속을 믿을 수 있겠는가?

더 이상 사람들의 죄를 지적하지 않는 설교들

1995년 〈뉴스위크〉(Newsweek)는 "죄는 어떻게 되었는가?"라는 제목의 글을 실었다.[1] 25년도 더 지난 이 글이 현재 상황을 정확히 지적하고 있다는 생각이 들었다. 이 글을 쓴 케네스 우드워드는 아담과 하와로 거슬러 올라가는 죄의 역사를 소개하며 글의 포문을 연다. 아담과 하와는 죄책감과 두려움을 달래려고 은폐와 책임 전가의 전략을 동원했다.

우드워드에 따르면, 아담과 하와 이야기 같은 것들은 한물간 이야기다. "요즘 누가 아담과 하와처럼 구는가? 가끔 수치심(체면을 잃는 상황)을 경험하는 사람은 많지만 죄책감은 더 많은 것을 요구한다. 죄책감은 죄를 인정해야 하고 이대로 계속 살 수 없으니 반드시 삶이 달라져야 할 것을 요구한다. 미국인의 90퍼센트는 하나님을 믿는다고 말한다. 하지만 개인적인 죄에 대한 절실한 태도는 밝고 긍정적인 스타일의 현대 미국 종교에서는 다 사라져 버렸다."

우드워드는 신부에게 한 달에 한 번씩 죄를 고백하는 로마가톨릭 의식이 사라졌음을 지적한다. 겨우 40퍼센트 정도의 가톨릭 신자들만 1년에 겨우 두 번 꼴로 죄를 고백한다. 함께 죄를 고백하는 역사적인 관행은 대부분의 개신교 예배에서도 중시되지 않고 있다. 미국 개신교 신자들은 이제 부담스럽지 않은 밝은 분위기의 의식과 노래와 설교를 선호한다.

설교자의 역할은 사람들의 죄를 지적하는 것이 아니라 사람들의 장점을 인정해 주는 것으로 바뀌었다. 내가 볼 때 이제 설교자들이 저지를 수 있는 가장 큰 죄는 성경을 회석 시키는 것이 아니라 사람들의 편안함과 자존감을 뒤흔드는 것이 되어 버렸다. '우리' 안에 있는 잘못과 병폐를 지적하던 설교자들이 이제는 '저 밖에 있는' 망가진 시스템, '저 사람들', 심지어 성경의 오류와 병폐를 지적한다. 우드워드에 따르면, 목사들이 이혼, 교만, 탐욕, 자기중심적인 야망 같은 문제에 관해 직접적으로 말하는 시대는 갔다.

우드워드는 우리 가운데 가장 "무능력한" 자들은 자기 인식이 부족하고 죄책감을 전혀 느끼지 않는 사람들이라는 결론을 내린다. 적어도 자신의 죄책감을 인정하는 사람들은 더 나은 사람이 되려고 노력한다.

죄와 죄책감의 실종에 관해 1995년 우드가 내린 진단은 지금도 유효하다. 죄, 죄책감, 심판, 진노 같은 성경적인 주제들이 우리가 부르는 찬양에서 점점 사라지고 있다. 이런 주제가 빠져나간 자리를 긍정적인 태도와 자존감을 키워 주기 위한 새로운 단어들이 차지하고 있다. 예를 들어, 한 음악 시상식에서 한 가수는 존 뉴턴의 유명한 찬송가 〈나 같은 죄인 살리신〉을 불렀는데, 가사 대목에서 한 단어를 바꿔 "나 같은 '사람' 살리신"이라고 불렀다. 하지만 노예 상인으로서 저지른 부끄러운 죄를 고백하는 심정으로 이 찬송가를 쓴 존 뉴턴은 일부러 자신의 죄를 강조한 것이었다. 그가 "죄인"이란 단어를 쓴 것은 분명 의도적인 선택이었다.

죄가 더 이상 죄가 아닐 때 은혜는 더 이상 놀랍게 여겨지지 않는다. 그리고 은혜가 더 이상 놀라운 것이 아닐 때 우리는 은혜, 용서, 진리, 아름다움, 거룩함, 미덕 같은 것들에 더 이상 감동받지 않는다. 이런 일이 벌어질 때 우리는 헤어날 수 없는 수렁에 갇힌다.

자, 내 계획을 말해 주겠다. 내 계획은 당신이 죄를 통감하게 만드는 것이다. '저 밖에 있는' 누군가 혹은 시스템의 죄가 아니라 바로 당신 마음속에 있는 죄. 또한 자신의 죄, 약함, 불충분함을 인정하는 것이 연약한 감정을 다루기 위한 훨씬 더 효과적인 해법이라는 점을 당신에게 설득시키고자 한다. 그 해법이 인간이 본질적으로 선하다는 그릇된 관념에서 비롯한 자기평가에 의지하는 것보다 훨씬 더 효과적이다.

선에 관한 한 시간과 장소, 문화를 초월한 공통된 정의는 존재하지 않는다. 그리고 성경과 인류 역사를 보면, (최상의 모습을 보일 때의 당신과 나를 포함해서) 모든 인간은 본질적으로 선하지 않다. 우리 내면은 단단히 잘못되어 있다. 그렇기 때문에 진정한 자기평가는 우리 자신의 선함에 대한 확신이 아니라 하나님의 선하심에 대한 믿음을 통해서만 얻을 수 있다.

내 약함이 낙심거리가 아닌 능력이 되다

'대부분의 사람은 선하다'라는 주장이 "선을 행하는 자는 없나니 하나도 없도다"(롬 3:12)라는 성경의 주장을 압도하는 세상 한복판에서, 성경이 인간의 상태를 왜 그토록 부정적으로 보는지를 이해하는 것이 중요하다.

선지자 모세는 이렇게 말했다. "여호와께서 사람의 죄악이 세상에 가득함과 그의 마음으로 생각하는 모든 계획이 항상 악할 뿐임을 보시고"(창 6:5). 우리가 입만 열면 영적 건강이 아닌 영적 질병, 무르익은 열매가 아닌 썩은 혼합물, 도덕적 미덕이 아닌 도덕적 더러움, 생명의 향기가 아닌 죽음의 악취가 드러난다는 뜻이다.

사도 바울은 이렇게 말했다. "그들의 목구멍은 열린 무덤이요 …… 그들의 눈앞에 하나님을 두려워함이 없느니라"(롬 3:13-18).

이사야도 비슷한 말을 했다. "무릇 우리는 다 부정한 자 같아서 우리의 의는 다 더러운 옷 같으며"(사 64:6).

우리의 최악의 행위만이 아니라 심지어 우리의 의로운 행위도 하나님 앞에서는 문제투성이다. 우리의 가장 훌륭한 행위조차도 그 이면에는 자기중심적인 동기가 있다는 프리드리히 니체의 글도 비슷한 맥락이다. 니체에 따르면, 우리는 선(善) 자체를 위해서가 아니라 주목과 박수갈채를 받고 힘을 얻기 위해 선을 행한다. 니체는 우리의 가장 훌륭한 덕목들도 그 중심에는 다른 사람들을 섬기는 것보다 스스로 보상을 얻으려는 동기가 숨어 있다고 말했다. 물론 이것은 냉소적인 관점이다. 하지만 반박하기 어려운 것 또한 사실이다.

한 신학자도 비슷한 말을 했다. "우리와 하나님 사이를 가로막는 주된 걸림돌은 우리의 죄가 아니라 우리의 가증스러운 선행이다."[2]

충성스러운 사역자이자 신약의 삼분의 일을 쓴 사도 바울은 자기 안에 있는 이런 성향을 깨닫고서 자신을 이렇게 소개했다. "내 속 곧 내 육신에 선한 것이 거하지 아니하는 줄을 아노니 원함은 내게 있으나 선을 행하는 것은 없노라 내가 원하는 바 선은 행하지 아니하고 도리어 원하지 아니하는 바 악을 행하는도다 …… 선을 행하기 원하는 나에게 악이 함께 있는 것이로다 …… 오호라 나는 곤고한 사람이로다 이 사망의 몸에서 누가 나를 건져 내랴"(롬 7:18-24). 바울의 이 고백은 자신이 부정한 입술의 소유자라는 이사야의 탄식과 비슷하다.

모세, 바울, 이사야. 하나님의 충성스러운 종. 이 세 사람 모두 당대에 가장 충성스럽고 가장 큰 열매를 맺은 하나님의 종이었다. 하지만 그들은 구제 불능으로 부패한 인간 기본 상태로 인한 자신의 연약함을 깨닫고 한탄했다. 그들도 우리처럼 머리에 금이 가서 치료가 필요했다. 선을 행하는 자가 없으니 단 한 사람도 없다. 우리 모두는 부정한 입술의 소유자들이다.

바울의 서신서들에서 그의 자기평가를 보면 점점 더 박해지는 것을 볼 수 있다. 초기의 편지에서 그는 자신을 "사도 된 바울"로 불렀다가 나중에는 "사도 중에 가장 작은 자"로 불렀다. 그 뒤에는 "모든 성도 중에 지극히 작은 자"로 불렀다. 마지막으로, 사역을 마무리할 때가 되어 도덕적으로 정점에 이르렀을 때는 젊은 목회자 디모데에게 이렇게 말했다. "그리스도 예수께서 죄인을 구원하시려고 세상에 임하셨다 하였도다 죄인 중에 내가 괴수니라"(갈 1:1; 고전 15:9; 엡 3:8; 딤전 1:15). 바울은 최고의 모습으로 성장해 가면서도 자신이 아닌 '자기 밖'에서 자기평가를 얻어야 할 필요성을 잊지 않았다.

이런 면에서 나는 바울에게 공감이 간다. 어떤 날은 내가 처음 그리스도를 믿을 때보다도 덜 거룩하고 덜 선하게 느껴진다. 어떤 날은 내 신앙이 진짜가 아니라 거짓이고 왜곡된 것마냥 느껴진다. 그래서 내가 목회의 소명을 감당할 자격이 없는 것처럼 느껴진다. 그리스도가 죄인을 구하기 위해 세상에 오셨고 그 죄인 중에서 내가 괴수라는 말은 참으로 맞는 말이다.

그리스도의 제자가 된 지 30년도 더 되었지만 내 부족함이 전에 없이 크게 느껴진다. 당신은 어떤가?

바울처럼 우리는 그리스도 '안에서' 성숙해질수록 그리스도가 '필요함'을 더 깊이 느끼게 된다. 그리스도를 향한 믿음이 강해질수록 우리 자신은 더 약하게 느껴진다. "믿음을 품을 때 자신이 강해진 것이 아니라 오히려 약하고 의존적인 것처럼 느껴진다."[3] 그런데 우리 자신에 대해 약함을 느낄 때 낙심되는 것이 아니라 오히려 거기서 힘을 얻는다. 하나님 나라에서 누가 가장 행복한가? 스스로 강하며 성공했고 충분하다고 느끼는 사람이 아니라 심령이 가난하고 애통하고 온유한 사람, 오직 예수님만이 주실 수 있는 의에 굶주린 사람이다(마 5:1-12).

모세, 바울, 이사야 외에 위대한 왕 다윗도 있다. 그는 '하나님의 마음에 맞는 사람'이란 평을 들은 인물이었다(행 13:22). 또한 그는 시편의 절반을 썼다. 그런데 그중 한 시편에서 그는 자신을 다음과 같이 평가하면서 하나님의 자비를 구했다. "주의 많은 긍휼을 따라 내 죄악을 지워 주소서 나의 죄악을 말갛게 씻으시며 나의 죄를 깨끗이 제하소서 …… 내가 죄악 중에서 출생하였음이여 어머니가 죄 중에서 나를 잉태하였나이다 …… 나를 정결하게 하소서 …… 나의 죄를 씻어 주소서 …… 주의 얼굴을 내 죄에서 돌이키시고 내 모든 죄악을 지워 주소서 …… 내 속에 정한 마음을 창조하시고 …… 자원하는 심령을 주사"(시 51:1-12).

심지어 예수님의 가계도에도 자신의 아내를 약탈자들

에게 바친 두 남자, 거짓말쟁이, 매춘부, 근친상간의 희생자, 권력을 남용한 자, 무책임한 아버지, 바람둥이, 비겁자 같은 이들이 포함되어 있다(마 1:1-17). 여기에는 아브라함, 이삭, 라합, 솔로몬 등이 포함되어 있다. 그들을 보고 그들의 이야기를 읽어 보라. 그러면 하나님의 취향이 정말 괴상하다는(?) 사실을 발견하게 될 것이다. 그런데 이것이 얼마나 좋은 소식인지 모른다.

복음을 받아들이기 힘든 사람들

하나님의 취향이 괴상하다는 사실을 자주 기억하는 게 좋다. 하나님은 심지어 죄인들도, 아니 특히 죄인들을 그분의 가족으로 마음 깊이 받아 주신다.

성경은 예수님이 죄인들을 구원해서 우리를 친구로 사귀고 입양하고 자비롭게 돌보시기 위해서 오셨다고 말한다.

삭개오는 조직적인 도둑질과 불의를 저지른 자였다. 막달라 마리아는 귀신 들렸던 일로 마음의 상처를 안고 살아가는 여인이었다. 간음 현장에서 잡힌 여인은 말 그대로 간음하다 잡힌 여인이었다. 이와 같은 많은 이들을 보면 예수님은 자신의 죄를 아는 이들에게 특별한 관심과 사랑을 쏟으신다는 결론을 내릴 수밖에 없다.

반대로 예수님은 스스로를 도덕적으로 우월하고 인기 있고 깨끗하고 부유하고 인맥이 화려하고 지적으로 여기는 사람들을 좋게 여기시지 않는다. 이것이 도덕적으로 옳은 사람들은 복음을 받아들이기가 그토록 어렵고, 도덕적으로 엉망인 사람들은 복음을 받아들이기가 상대적으로 쉬운 이유다.

예수님의 제자들을 살펴보면 그들은 마치 오늘날의 교회 지하 회복 모임에서 발탁된 자들처럼 보인다. 그들 중에는 '도덕적으로 완전히 망가져 인성이 바닥인 자들'도 포함되어 있다. '진흙탕에서 뒹구는 자', '땅바닥에 엎어져 예수님의 옷자락을 찾는 자', '남의 아내를 범해서 임신시킨 자'(마 1:6), '죄를 지어 현장에서 체포된 자' 등이 포함되어 있다.

승자가 아닌 패자, 의기양양한 바리새인이 아니라 생활에 지친 매춘부, 자존감이 높은 사람이 아니라 낮은 사람, 자신이 선하다고 주장하는 자가 아니라 선해지려는 노력에 지친 자, 자신을 높이 평가하는 자가 아니라 예수님의 자비로운 평결을 받아들인 자들, 교만한 마음으로 자신의 미덕을 과시하는 자가 아니라 상하고 회개하는 심정으로 가슴을 치는 자, 자신을 높이는 자가 아니라 낮추는 자. 이런 자들이 예수님의 제자에 포함되어 있다.

믿음을 가질수록 자신이 강해진 것이 아니라 오히려 약하고 의존적인 것처럼 느껴진다는 점을 이해하는 사람들이 예수님의 제자로 포함되어 있다.

"어찌하여 너희 선생은 세리와 죄인들과 함께 잡수시느냐."

바리새인들은 세리 마태를 비롯한 죄인인 제자들에게 그렇게 물었다. 이 질문에 화가 나신 예수님은 대신 답변하셨다. "건강한 자에게는 의사가 쓸 데 없고 병든 자에게라야 쓸 데 있느니라 너희는 가서 내가 긍휼을 원하고 제사를 원하지 아니하노라 하신 뜻이 무엇인지 배우라 나는 의인을 부르러 온 것이 아니요 죄인을 부르러 왔노라"(마 9:9-13).

또 다른 상황에서 예수님은 자신이 남들보다 거룩하다고 믿는 무리에게 세리와 창기들이 그들보다 먼저 하나님 나라에 들어갈 것이라고 경고하셨다(마 21:31). 왜 그런가? 세리와 창기들은 종교 지도자들이 보지 못한 것을 보았기 때문이다. 그들은 자신들의 가장 큰 문제가 '저 밖의' 망가진 시스템과 다른 사람들이 아니라, 바로 망가진 자신 안에 있다는 사실을 알았다.

"오호라 나는 곤고한 사람이로다 이 사망의 몸에서 누가 나를 건져 내랴."

자신을 솔직하게 평가하면 '하나님의 취향은 괴상하다'와 그분이 기꺼이 죄인들과 함께 잡수신다는 사실이 더 이상 기분 나쁜 사실이 아니라, 복된 소식으로 다가온다. 그것이 놀라운 은혜의 소리처럼 달콤하게 들린다. 그 사실에서 좋은 느낌이 느껴지고 좋은 냄새가 나며 좋은 맛이 난다.

교만한 도덕주의자들은 성찬식을 하면서 수시로 시계만 쳐다본다. 삶에 지친 죄인들은 마지막 한 입까지 천천히 음미하며 먹는다. 교만한 도덕주의자들은 자존감을 키워 주는 부정직한 의식과 노래와 설교를 원한다. 지친 죄인들은 이런 가식을 유지할 에너지가 전혀 남아 있지 않다. 그들은 모든 진리의 말씀, 특히 하나님이 선하시고 자신들은 선하지 않다는 말씀을 감사로 받아들인다.

모세, 이사야, 다윗, 바울도 그토록 거리낌 없이 죄를 고백했는데 왜 우리는 그렇게 하지 못하는가? 예수님이 우리의 최악의 모습을 다 아시니 우리를 반갑게 환영하지도 우리와 함께 식사를 하지도 않으실까?

전혀 그렇지 않다.

이 사실을 가슴 깊이 새기라. 예수님은 우리에 관한 최악의 사실들에도 불구하고가 아니라 그 사실 때문에 우리를 환영하고 받아 주신다. 예수님이 가장 즐거하시는 일 중 하나는 우리가 자초한 후회를 은혜로 바로잡아 주시고, 우리가 자초한 상처를 은혜로 돌보시며, 우리가 자초한 두려움을 사랑으로 잠재워 주시는 것이다. 이것이 그분의 성품이요 그분이 하시는 일이다.

예수님이 해 주시는 이 일을 온전히 누리려면 거울을 솔직히 들여다보면서 "자신을 철저하고도 두려움 없이 조사해야" 한다.[4] 자신을 솔직히 들여다보면 그리스도가 필요하다는 것이 보인다. 그분이 필요함과 그분의 은혜를 깨닫고 나면 다음과 같은 질문으로 자신을 철저히 돌아보게 된다. '내가 성경 시대의 형편없는 사람들만큼이나 예수님의

은혜와 자비, 사랑이 필요하다는 구체적인 증거들은 무엇인가?'

자신을 철저히 돌아볼 준비가 되었는가? 스스로를 죄인의 범주에 놓기를 망설이는가? 그렇다면 그 이유가 무엇인가? 간음과 살인을 저지른 다윗에게서 당신 자신의 모습을 보지 못하기 때문인가? 몸을 판 라합이나 신성모독과 폭력을 일삼은 사울 혹은 속이기를 잘한 야곱에게서 당신의 모습을 보지 못해서인가? 자신은 도덕성 없는 사람들과 다르다고 생각해서인가? 그래서 죄인들을 인간 공동체에서 배제시키고 자신을 죄인들의 공동체에서 배제하고 있는가?[5]

친구나 가족, 직장 동료에게 "얘기 좀 할 수 있을까요?" 혹은 "얘기 좀 합시다"라는 문자 메시지를 받으면 어떤 기분이 드는가? 그런 메시지가 초대보다 위협처럼 느껴지는가? 상대방이 당신을 불러 당신의 거짓된 가면을 벗겨 낼 것만 같은가? 그런 기분은 어디서부터 오는 것일까? 우리가 그렇게 느끼는 것은 밝혀질까 두려운 것이 우리 안에 있음을 너무나도 잘 알기 때문이지 않은가? 그것이 알려지면 거부당할까 두려운 것 아닌가?

그래서 진짜 예수님이 필요하다. 꾸짖거나 모욕하거나

정죄하는 대신 온유와 은혜로 환영해 주시는 분. 그분은 솔직하고 정직하고 안전하고 자유로운 교회 지하의 회복 모임으로 따라오라고 당신에게 손짓하고 계신다. 그곳에서 그분은 당신을 용감하게 만드실 것이다. 그렇게 용감해지면 당신은 그곳의 분위기를 교회 본당으로, 나아가 세상 밖으로 가져갈 것이다.

죄와 죄책감에 관해서는 기본적으로 두 가지 기도가 존재한다. 첫 번째 기도는 이것이다. "하나님이여 나는 다른 사람들 곧 토색, 불의, 간음을 하는 자들과 같지 아니하고 이 세리와도 같지 아니함을 감사하나이다 나는 이레에 두 번씩 금식하고 또 소득의 십일조를 드리나이다."

이것은 자존감을 추구하는 기도다. 이것은 교회 지하실을 마다하고 높은 연설단을 추구하는 기도다. 이렇게 기도하면 기분은 좋아질지 몰라도 의롭다 하심을 받지 못한다(눅 18:9-14).

두 번째 기도는 이것이다. "전능하시고 지극히 자비로우신 아버지, 저희는 잃은 양처럼 실수하고 길에서 벗어납니다. 저희는 자신의 마음의 의지와 욕구를 너무 많이 따릅니다. 저희는 당신의 거룩한 법을 어깁니다. 저희는 해야 할 일을 하지 않고 하지 말아야 할 일을 합니다. 우리 안에는 구원을 받게 할 만한 건강함이 전혀 없습니다. 하지만 주님, 당신은 저희를 긍휼이 여기십니다. 오, 하나님, 잘못을 고백하는 이들을 구원해 주십시오. 회개하는 이들을 회복시켜 주십시오. 우리 주 예수 그리스도 안에서 인류에게 선포된 당신의 약속을 따라 그렇게 해 주십시오. 그리고 오 자비로우신 아버지, 당신의 거룩하신 이름이 영광받으시도록 저희가 당신을 위해 지금부터 경건하고 의롭고 온전한 삶을 살도록 해 주십시오. 아멘."[6]

이 기도는 첫 번째 기도와 달리 건강과 온전한 정신을 추구하는 기도다. 이 기도는 꾸짖고 모욕하고 정죄하는 예수를 피하고 '진짜 예수님'을 따라 교회 지하의 회복 모임으로 내려가는 기도다. 이 기도는 하나님 앞에서 낮아지고 그분과 관계를 맺고 그분께 사랑을 받은 상태에서 성전과 세상 속으로 돌아갈 수 있게 해 주는 기도다.

"안녕하세요. 제 이름은 스캇입니다. 저는 죄인입니다. 보통 죄인이 아니라 큰 죄인입니다. 훌륭한 사람이 아니라 썩은 사람입니다."

훌륭한 죄라는 것은 없기 때문에 훌륭한 죄인이라는 것

도 없다. 그리고 빅북과 성경 둘 다 확언하듯이, 내 죄를 하나님과 나 자신, 남들에게 정확히 고백하고 인정하기 전까지는 나아질 수 없다.[7]

나는 인정 중독자다. 나는 칭찬을 열망하고 비판을 두려워한다. 심지어 건설적인 비판도 질색한다. 때로는 예수님의 이름이 들리기보다 내 이름이 들리기를 더 원한다. 나는 항상 남들이 내 가장 괜찮은 면을 알고 내 가장 추악한 면은 모르기를 바란다. 그래서 실제 사람들에게 나를 솔직하게 열어 친밀함을 추구하기보다는 좋아요, 팔로우, 팬을 통한 거짓 친밀함에 만족한다.

나는 분노 중독자이기도 하다. 이번 주에도 누군가가 내 업무 흐름을 끊었을 때 화를 냈다. 나는 사랑 없는 바리새인처럼 보이는 사람들에게는 똑같이 사랑 없는 바리새인처럼 굴 때가 많다. 어제 나는 도로에서 다른 차와 실랑이를 벌였다. 불과 5분 전에도 나는 나보다 단순하고 편하게 사는 사람을 보고 분개했다.

'더 높은 힘' 없이 나 혼자서는 변화가 불가능하다. 나 혼자 놔두면 통제 불능 상태에 빠진다. 나의 '더 높은 힘'은 예수님이시다. 내게는 내 영혼을 건강하게 해 주시는 그분의 은혜가 산소보다도 더 필수다. 나는 격려와 질책을 동시에 해 주는 안전한 공동체 안에서 그분을 가장 잘 알 수 있다.

당신도 그렇지 않은가?

나와 이야기하고 싶다면 솔직한 중독자들이 모이는 교회 지하의 회복 모임으로 찾아오라. 그들과 함께하는 그곳이 아직 완전히 편하지는 않지만 아주 서서히 편해져 가고 있다.

예수님의 은혜와 사랑으로 인해
우리는 그분께 편하게 나아갈 수 있다.
하지만 예수님의 진리와 율법은
그분이 초월적이고 위험한 존재이기도 하다는 점을 보여 준다.

죄가 더 이상 죄가 아닐 때 은혜는 더 이상 놀랍게 여겨지지 않는다.

그리스도 '안에서' 성숙해질수록
그리스도가 '필요함'을 더 깊이 느끼게 된다.
그리스도를 향한 믿음이 강해질수록
우리 자신은 더 약하게 느껴진다.

지친 죄인들은 가식을 유지할 에너지가
전혀 남아 있지 않다.
그들은 모든 진리의 말씀, 특히 하나님이 선하시고
자신들은 선하지 않다는 말씀을 감사로 받아들인다.

예수님이 가장 즐겨하시는 일 중 하나는
우리가 자초한 후회를 은혜로 바로잡아 주시고,
우리가 자초한 상처를 은혜로 돌보시며,
우리가 자초한 두려움을 사랑으로 잠재워 주시는 것이다.
이것이 그분의 성품이요 그분이 하시는 일이다.

교회 안에
다시

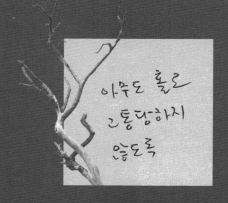

아무도 홀로
고통당하지
않도록

'가식 없는 믿음'이
울려 퍼질 시간

Ⅲ

프롤로그 10

실로 경이로운 인생,
동시에 애처로울 만큼
덧없는 인생

성경을 잔치라 비유한다면 전도서는 잔치의 흥을 깨는 사람이다. 전도서는 독특한 사람이 쓴 독특한 책이다. 전도서 기자는 강하고 부유한 사람이었다. 그는 매우 강력한 힘을 지닌 왕이었는데, 그가 거느린 수많은 종, 거기에 무려 천 명의 부인과 첩을 둔 것만 봐도 그 힘을 짐작하게 한다. 그가 얼마나 많은 부를 가졌느냐면 여러 채의 집에, 드넓은 정원도 여러 개나 된다. 널찍한 옷장, 화려한 식탁, 최고급 가구는 물론 최고의 지성까지 겸비한 인물. 드높은 명성에 손대는 일마다 엄청난 성공을 거두는 재주가 있는 그는 쉽게 말해 모든 것을 가진 사람이었다.

모든 것을 가진 그는 역시나 고통 또한 갖고 있었다. 이 고대의 왕은 넘치는 부와 번영의 '복'을 받았음에도 성경 그 어떤 기자보다도 큰 혼란과 슬픔에 빠진 사람처럼 보인다. 꿈꾸던 모든 것을 가졌음에도 불구하고, 아니 그랬기 때문에 이 남자는 많은 짐을 지고 살아갔다. 뜻밖에도 그는 우리 모두가 부러워하는 그 모든 것을 전혀 즐기지 못했다. 그의 깊은 고뇌가 담긴 구절들을 보라.

* 일과 성공에 관하여 : "해 아래에서 수고하는 모든 수고가

사람에게 무엇이 유익한가 …… 모든 만물이 피곤하다는
것을 …… 내가 해 아래에서 한 모든 수고에 대하여 내가
내 마음에 실망하였도다 …… 아, 먹고 즐기는 일을 누가
나보다 더 해 보았으랴 …… 또 내가 보았노니 종들은 말을
타고 고관들은 종들처럼 땅에 걸어 다니는도다"(전 1:3, 8;
2:20, 25; 10:7).

* 지식과 지혜에 관하여: "지혜가 많으면 번뇌도 많으니
지식을 더하는 자는 근심을 더하느니라"(전 1:18).

* 재물과 쾌락에 관하여: "나의 사업을 크게 하였노라
내가 나를 위하여 집들을 짓고 포도원을 일구며 ……
나보다 먼저 예루살렘에 있던 모든 자들보다도 내가
소와 양 떼의 소유를 더 많이 가졌으며 …… 노래하는
남녀들과 인생들이 기뻐하는 처첩들을 많이 두었노라
…… 무엇이든지 내 마음이 즐거워하는 것을 내가 막지
아니하였으니 …… 모든 것이 다 헛되어 바람을 잡는
것이며"(전 2:4-11).

* 돈에 관하여: "(나의) 눈은 부요를 족하게 여기지
아니하면서 …… 은을 사랑하는 자는 은으로 만족하지
못하고 풍요를 사랑하는 자는 소득으로 만족하지

아니하나니 …… 영혼이 바라는 모든 소원에 부족함이
없어 재물과 부요와 존귀를 하나님께 받았으나 하나님께서
그가 그것을 누리도록 허락하지 아니하셨으므로"(전 4:8;
5:10; 6:2).

* 모든 것에 관하여 : "모든 것이 헛되도다"(전 12:8).

이 권세 있고 부유하고 유명한 남자가 오늘날 텔레비전
에 나와서 이런 말을 한다면 대중의 비난이 날아올지도 모
른다. "배부른 소리 하네. 그 큰 대궐에서 살고, 그 많은 여
인을 품고, 그 많은 파티를 열고, 그 많은 산해진미를 즐기
고, 그 많은 현금을 세면서 힘들다고? 그 많은 종의 시중을
받으면서 힘들다고? 참도 힘들겠어. 차마 못 들어 주겠네."

몇 해 전 캘리포니아 해변의 한 최고급 리조트에서 열
린 집회에 강사로 초빙받았다. 그 리조트는 세계적으로 손
꼽히는 부촌에 있었다. 리조트 자체도 자연미와 인공미가
어우러진 최고급 리조트였다. 쉬는 시간에 아내와 함께 해
변을 거닐며 수백만 달러짜리 대저택 10여 채를 지나갔다.
집마다 개인 해변이 따로 있었다.

나는 아내를 보며 말했다. "저렇게 사는 사람들도 힘들

거야."

그러자 아내는 특유의 온화함과 지혜를 담아 대답했다. "맞아요. 힘들 거예요. 당신은 다들 힘들게 살고 있으니 만나는 모든 사람에게 잘해 주라는 설교를 자주 하죠. 캘리포니아 대저택에 사는 사람들이라고 왜 힘들지 않겠어요?"

뉴욕의 한 저널리스트는 유명인들의 삶과 문화에 관한 글에서 이렇게 말했다. "유명인들이 불쌍하다. …… 신의 가장 짓궂은 장난 중 하나는, 당신이 가장 원하는 것을 준 다음, 당신이 갑자기 죽고 싶다는 생각을 할 때 그 모습을 보며 킥킥 웃는 것이다. …… 〔이 유명인들은〕명성을 원했다. 그들은 노력했다. 최선을 다했다. …… 그들 모두는 유명해진 날 밤, 즐거운 비명을 지르고 싶었다. 마침내 해냈다! 이제 그들은 흠모를 받게 되었다. 최고의 자리에 올랐다! 마법과도 같은 순간이 펼쳐졌다! …… 그들은 하나같이 그 밤이 지나고 다음 날 아침, 진정제를 과다복용하고 싶은 마음이 들었다. 전에 불행했다면 이제는 두 배로 불행해졌다. …… 환멸은 그들을 참을 수 없어 울부짖게 만들었다."[1]

부와 인기의 자리에 올랐지만 삶은 더 불행해진 수많은 사례가 이 저널리스트의 주장을 뒷받침한다. 예수님의 영혼 외에 인간의 영혼은 명성의 무게를 견디도록 지어지지 않았다. 예수님만이 명성의 자리에 오르고도 무너지지 않을 인격과 능력을 지니고 계신다. 그 자리는 오직 그분께만 속한 것이다. 모든 피조물의 주된 목적은 '그분을' 영원히 영화롭게 하고 누리는 것이며,[2] 그분의 주된 목적은 모든 영광을 받고 피조물의 기쁨의 대상이 되는 것이기 때문이다.

피조물의 일부로서 모든 인간은 예배를 받는 것이 아니라 예배하고, 경외감의 대상이 되는 것이 아니라 경외하고, 절을 받는 것이 아니라 무릎을 꿇고, 자신의 명예와 부를 좇지 않고 그리스도의 영광과 부를 찬양하도록 창조되었다.

앤 보스캠프는 말했다. "인기인이나 성자, 악한이나 종이나 상관없이 먼지로 돌아갈 날이 오고 있다. 재는 재로, 먼지는 먼지로 돌아가는 것이 우리 모두가 가게 될 길이다. …… 나를 따르지 말라. 몸을 입으셔야 했던 완벽한 분 외에는 아무도 따르지 말라. 육신으로 이루어진 사람을 따르지 말라. 육신은 쇠하고 무너질 것이기 때문이다. 오직 예수님만 따르라. 오직 구원하실 수 있는 분만 따르라."[3]

소설가 어니스트 헤밍웨이, 패션 디자이너 알렉산더 맥퀸과 케이트 스페이드, 화가 마크 로스코, 그룹 너바나의 리더 커트 코베인. 이들 모두 부와 명예가 정점에 이르렀을 때 스스로 목숨을 끊었다. 유명 가수 에이미 와인하우스, 재니스 조플린, 엘비스 프레슬리, 짐 모리슨, 유명 배우 히스 레저는 또 어떤가? 그들 모두 부와 명예를 거머쥔 순간 약물 과다 투여로 사망했다.

오래전 가수 머라이어 캐리는 최고의 성공을 거두고 나서 받은 질문에 뜻밖의 대답을 내놓았다. 아직 젊은 나이임에도 그녀는 엘비스 프레슬리와 비틀즈를 제외하고 음악사에서 가장 많은 넘버원 히트곡을 보유하고 있었다. 이제 어떤 목표가 남았는지 묻는 질문에 그녀가 내놓은 답은 "행복"이었다.

실제로 '우리가 만나는 모든 사람'과 '한 번만 만나 봤으면 하는 모든 사람'이 삶의 힘겨운 싸움을 하고 있다. 여기에는 부자들과 유명인들도 포함된다. 물론 재정, 관계, 직업 등의 측면에서 빈곤한 사람들도 마찬가지다. 두 극단 사이에서 사는 대다수 사람들도 마찬가지다. 소로우는 우리 모두에 관한 진실을 이야기했다. "대다수 사람들은 조용한 절망의 삶을 살고 있다."[4]

불쌍하지 않은가?

인간이라면 누구나 인생이 고되다는 사실을 부인하기 힘들 것이다. 하지만 전도서 기자와 알베르 카뮈, 장 폴 사르트르, 프리드리히 니체, 한나 아렌트 같은 철학자들처럼 인생의 어두운 면만을 이야기하는 것은 좀 아니지 않는가? 항상 잔이 반이나 비었다고 생각하는 사람들과 어울리고 싶어 하는 사람은 아무도 없다. 대부분의 어머니들과 멘토들은 좋은 말이 아니라면 아예 말을 하지 말라고 가르쳤다. '밝은 면을 보라. 밝게 살라. 걱정하지 말고 행복하게 살라.' 우리를 창조하시고 사랑하시는 하나님의 영감으로 쓰인 전도서의 메시지는 우리네 어머니들과 멘토들이 알려 준 가르침과 상충하는 것 아닌가?

그렇지 않다. 우리의 어머니들과 멘토들은 우리에게 삶이 힘들다는 사실도 분명 가르쳐 주었다. 전도서가 전하는 음울한 어조를 참을 수가 없는가? 고통스러운 삶의 현실을 보거나 인정하거나 그것에 관해 생각하고 싶지 않은가? 암울한 이야기들은 거들떠보지도 않는가? 단조 음악은 절대 듣지 않는가? 그렇게 하는 것은 자신에게나 세상에나 좋지 않다. 특히, 하나님이 자신의 문제를 기꺼이 인정하는 사람들을 위해 준비하신 귀한 선물을 놓칠 수밖에 없다.

"잘 지내시죠?"

"네, 잘 지냅니다."

아니, 당신은 잘 지내지 못하고 있다. 나도 마찬가지다.
삶에 수반되는 고통과 슬픔을 부인하는 것은 일종의 위선
이다. 스스로 진실에서 멀어지는 것이다. 최소한, 진실의
일부에서 멀어져 거짓의 나라에서 사는 것이다. 그렇게 하
면 우리가 반드시 누려야 할 하나님 및 다른 사람들과의 친
밀한 관계를 누릴 수 없다. 정직함 없이는 친밀해질 수 없
다. 정직하지 않으면 상대방이 우리를 알 수 없다. 그렇게
되면 우리는 고립된다. 동료들에게 둘러싸여 있고, 파티에
가고, 가족과 식탁에 둘러앉고, 잠자리에서 배우자와 함께
누워 있어도 사실상 혼자가 된다.

"사람이 혼자 사는 것이 좋지 아니하니"(창 2:18).

다른 사람과 같은 공간에 있으면서도 혼자 있는 것은
더더욱 좋지 않다.

고립되기 쉬운 인간의 성향은 우리에게 전도서와 같은
솔직함이 필요한 많은 이유 중 하나다. 성령의 감동으로 진
실을 날것 그대로 고백한 전도서 기자(여기서는 솔로몬이라고 하

자[5])는 우리에게도 자신과 자신의 슬픔을 솔직하게 말하라고 권하고 있다. 그리하여 깨끗해지라고 말이다. 이것이 다시 온전해지기 위한 첫 번째이자 필수 단계다. 공동체를 이룰 때 온전해진다. 그런데 그 공동체는 한 사람이 자신의 삶을 솔직하게 고백하고 나서 남들도 "그래? 나도 그런데"라고 맞장구를 칠 때 이루어진다.

가끔 우리에게는 동화 속 늙은 당나귀 이요처럼 "이건 힘들어. 삶은 힘들어. 전부 다 힘들어"라고 말할 용기를 지닌 사람이 필요하다. 아울러 우리도 가끔 친구들과 가족들에게 이런 당나귀가 되어 주어야 한다. 즉 먼저 우리가 슬픔을 표현함으로써 그들도 슬픔을 표현해도 괜찮다는 점을 보여 주어야 한다.

전도서 기자가 모든 것이 헛되다고 말할 때 사용한 히브리어는 사실 '수증기'를 의미한다. 삶의 좋은 것들을 움켜쥐는 것은 한 움큼의 수증기를 움켜쥐는 것과도 비슷하다. 수증기를 손안에 붙잡아 두려고 아무리 애를 써도 손가락 사이로 빠져나간다. 마찬가지로, 삶 역시 매일 우리에게서 빠져나간다. 해변의 모래성처럼 우리에게 소중한 모든 것과 모든 사람이 결국 쓸려 간다. 우리는 방금 숨을 내쉬면서 마지막 숨을 내쉴 날을 향해 한 걸음 더 나아갔다. 우리가 가장 최근 한 입맞춤, 가장 최근에 받은 급여, 가장 최근에 잔 낮잠, 가장 최근에 간 축제, 가장 최근에 본 책과 영화와 드라마, 가장 최근에 들은 음악, 가장 최근에 한 공원 산책에 대해서도 마찬가지다.

삶은 실로 경이롭다.

동시에 삶은 애처로울 만큼 덧없다.

허먼 멜빌은 이렇게 말했다. "그 안에 슬픔보다 기쁨이 더 많은 사람. 그 사람은 참될 수 없다. 참되지 않다. 혹은 덜 발달되었다. 책도 마찬가지다. 모든 인간 중에서 가장 참된 인간은 간고를 많이 겪은 분이며 모든 책 중에서 가장 참된 책은 솔로몬의 책이다. …… 전도서는 망치로 정교하게 두드려 만든 고통의 쇳덩어리다. '모든 것이 헛되도다.' 모든 것."[6]

인생은 고통스럽고, 그렇게 살다가 죽는다. 이것이 우주와 우리 인간에 관한 여과되지 않은 진실이다. 아무도 이 현실에서 벗어날 수 없다.

모든 것이 수증기 같다. 모든 것이 새어 나가고 있다.

죄의 삯은 사망이다(롬 6:23).

예수님의 영혼 외에 인간의 영혼은
명성의 무게를 견디도록 지어지지 않았다.
예수님만이 명성의 자리에 오르고도
무너지지 않을 인격과 능력을 지니고 계신다.

모든 인간은 예배를 받는 것이 아니라 예배하고,
경외감의 대상이 되는 것이 아니라 경외하고,
절을 받는 것이 아니라 무릎을 꿇고,
자신의 명예와 부를 좇지 않고
그리스도의 영광과 부를 찬양하도록 창조되었다.

정직함 없이는 친밀해질 수 없다.

인생은 고통스럽고, 그렇게 살다가 죽는다.
이것이 우주와 우리 인간에 관한 여과되지 않은 진실이다.
아무도 이 현실에서 벗어날 수 없다.
모든 것이 수증기 같다. 모든 것이 새어 나가고 있다.
죄의 삯은 사망이다.

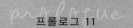

프롤로그 11

그 나라를 고대하며
애통하는 사람,
불평꾼과 다르다

마음 깊이 숨겨 둔 슬픔을 밖으로 꺼내면 곧이어 소망도 딸려 나온다. 실제로 자신의 고통을 인정하는 것이 치유로 가는 첫 단계다.

하지만 자신의 고통을 있는 그대로 고백하고 인정하는 것이 내게는 자연스럽지 않다. 어릴 적에 나는 슬픔을 표현하는 것이 바람직하지 않다고 여기는 세상에서 살았다. 불평하거나 고함을 지르거나 울어서는 안 된다는 말을 들었던 기억이 오래도록 남아 있다. 그래서인지 26년간 결혼 생활을 하면서 아내와 딸들에게 우는 모습을 보여 준 적이 몇 번 되지 않는다. 어릴 적부터 남자가 강한 모습을 보이지 않고 어린아이 혹은 여자아이처럼 우는 것은 옳지 않다는 관념이 내 안에 깊숙이 자리 잡았다. 어린아이와 여자아이처럼 행동하는 것이 무엇이 왜 문제인지도 모른 채 막연히 안 좋다고만 생각했다. 하지만 예수님은 아이들을 특히 좋아하셨다. 그리고 하나님이 인생을 함께할 '여자'를 주신 뒤에 아담의 삶은 진정으로 완성되었다.

이런 어릴 적 교육에도 불구하고 나는 뭐든 솔직하게 말하는 성격이 타고났다. 특히 이 타락한 세상 속에서의 혼란스럽고 힘든 것들을 자주 말한다. 때로는 나의 이런 면이

다른 사람들을 질리게 만들지 않나 싶은 생각도 든다.

한 성격 유형 전문가 그룹은 내 성격을 다음과 같이 분석했다. "자신을 잘 인식하고 예민하고 내성적이다. 감정적으로 솔직하고 창의적이고 개인적이지만 동시에 우울함과 자의식에 빠질 수 있다. 상처를 받을 수 있는 점과 자신이 부족하다는 점 때문에 다른 사람들과 거리를 둔다. ……우울증, 방황, 신세한탄의 문제가 특징적으로 나타난다."[1]

이것이 나다. 어떤가? 나와 친구가 되겠는가?

전도서 기자와 나는 같은 성격인 것 같다. 평상시에 나는 명랑한 모습을 보이고 삶의 밝은 면을 보려고 노력한다. 하지만 하나님이 만드신 내 본모습을 받아들이고 사랑하는 것도 필요하다고 생각한다. 스티브 잡스가 스탠퍼드대학교 졸업식 연설에서 말했듯이 우리에게 주어진 시간은 제한적이다. 따라서 "남들의 의견이라는 소음이 우리 내면의 목소리를 잠재우게" 하면서 다른 누군가의 인생을 사느라 시간을 허비하지 말아야 한다.[2]

내 "내면의 목소리"가 늙은 당나귀 이요의 목소리와 비슷하다는 것을 알고 내심 다른 사람의 인생을 살고 싶다는 생각을 해 왔다. 늘 어두운 면만 보는 나 자신이 싫었다.

사교 모임에서 내가 모인 사람 중에 가장 밉상일지 모른다는 생각을 자주 한다. 딱히 뭐라고 설명할 수 없는 이유로 나는 모임 분위기를 어색해한다. 마치 내가 무리에 어울리지 못하는 미운 오리 새끼처럼 느껴진다.

대놓고 모임에서 밉상이라는 말을 들은 적은 없지만 왠지 내가 남들을 짜증 나게 하는 사람처럼 느껴진다. 그러면 나 자신에게 짜증이 난다. 나는 왜 그 순간을 그냥 즐기지 못하는가? 왜 그냥 편하게 웃고 떠들지 못하는가? 왜 자꾸만 '지금은 즐겁지만 모든 것이 그렇듯 이 즐거움도 계속되지는 않아'라는 생각이 떠오르는가? 왜 나는 지금의 모습보다 더 유쾌하지 못한가? 왜 나는 낙천적이고 태평하지 못한가? 왜 그냥 현재에 집중하지 못하는가? 왜 나는 남들이 편안하게 다가오게 하지 못하는가? 왜 나는 '남들'처럼 되지 못하는가? 어째서, 어째서, 어째서?

몇 해 전 어느 저녁 모임에서도 그랬다. 나는 슬픔에 잠겨 있었지만 웃음 뒤에 그 슬픔을 숨기고 있었다. 때마침 나 자신의 모습을 긍정적으로 보는 데 도움이 되는 모임에 참여하게 되었다. 그 모임에서 네 사람이 대화하는데 그중 세 사람이 나머지 한 사람의 어떤 면에 관해 놀리기 시작했다. 그런데 인상 깊은 것은 놀림을 당한 사람의 반응이었다. 그녀는 명랑한 얼굴로 이렇게 말했다. "그거 알아요? 나도 내가 싫어요. 맞아요. 나도 이런 내가 싫다고요!" 그 말에 우리는 한바탕 웃었다. 그때 나는 조용히 속으로 생각했다. '당신도 그런가요?'

사실 나는 나를 싫어하지는 않는다. 단지 현재 내 몸 안이 집만큼 편안하게 느껴지지 않는다고 말하는 편이 더 정확하다. 아니, 이 세상 어디도 집만큼 편안하게 느껴지지 않는다. 하지만 나이가 들면서, 누구도 현재 살고 있는 세상을 집처럼 편안하게 느껴서는 안 된다는 것을 깨달았다. 성경은 '다음 세상' 시민들은 '현재 세상'에서 항상 어느 정도 자신이 "외국인과 나그네"인 것처럼 느낀다고 말한다. 왜 그럴까? 천국 시민들은 더 나은 하늘나라를 향한 갈망을 떨쳐 낼 수 없기 때문이다(히 11:13-16).

현재 우리가 사는 세상의 가장 나쁜 것들은 우리 안에 앞으로 다가올 세상을 향한 갈망을 일으킨다. 이 현재 세상의 가장 좋은 것들도 같은 갈망을 더욱 강화한다. 애피타이저는 메인 요리만큼 만족스럽지 못한 법이다. 애피타이저의 목적은 우리의 배를 채우는 것이 아니라 음식을 더 원하게끔 입맛을 돋우는 것이다. 세상은 일시적인 경이와 비통으로 가득하지만 우리는 영원한 온전함과 기쁨의 세상을 위해 창조되었다. 세상은 고통으로 가득하지만 우리는 평안한 세상을 위해 지음받았다. 세상은 상처로 가득하지만 우리는 행복한 세상에서 살도록 창조되었다. 세상은 미움으로 가득하지만 우리는 사랑의 세상에서 살도록 지음받았다.

이 세상에서 우리는 성경이 말하는 '피조물의 신음'을 느낀다. 그것은 우리에게 뭔가 문제가 있어서가 아니라 우리에게 좋은 뭔가가 있기 때문이다. 과거를 보면 우리 안에는 옛 에덴동산의 흔적이 분명 남아 있다. 인간이 벌거벗고도 전혀 수치심을 느끼지 않던 곳, 인류가 완벽한 조화와 기쁨 가운데서도 하나님과 다른 인간과 자연과 동행했던 곳. 하지만 죄와 고통이 세상 속으로 들어오면서 모든 것이 부패했다. 모든 것이 본래 모습보다 못하게 되었다.

미래를 보면 우리 가운데 구속받은 자들은 성경이 말하는 새 하늘과 새 땅에서 살 운명이다. 모든 사람, 장소, 사물이 예수님을 통해 새로워질 곳, "병과 슬픔과 고통과 죽음을 더 이상 느끼지도 두려워하지도 않게 될"[3] 그곳에서 말이다.

우리는 아직 진정한 집에 이르지 못했기 때문에 속으로는 여전히 힘들어한다. 우리는 이상한 자들이 아니다. 단지 상처로 신음하며 진짜 집을 그리워할 뿐이다. 말하자면 향수병.

자신의 현재 모습이 불편하게 느껴지는 것은 지극히 정상이다. 물론 정상이라고 해서 다 좋은 것은 아니지만 말이다. 두려움에 등딱지 속으로 들어가는 거북이처럼 구는 것은 좋지는 않지만 정상적인 반응이다. 때로 남몰래 힘들어하는 사람은 당신만이 아니요, 나만도 아니다. 이것이 사랑받는 제자였던 요한이 우리도 그리스도께 사랑받고 있다고 설득시키려 그토록 애를 쓰는 이유다. "이로써 우리가 진리에 속한 줄을 알고 또 우리 마음을 주 앞에서 굳세게 하리니 이는 우리 마음이 혹 우리를 책망할 일이 있어도 하나님은 우리 마음보다 크시고 모든 것을 아시기 때문이라 사랑하는 자들아 만일 우리 마음이 우리를 책망할 것이 없으면 하나님 앞에서 담대함을 얻고"(요일 3:19-21).

하나님은 모든 것을 아신다. 우리의 가장 나쁜 점들, 우리의 가장 창피한 점들, 우리의 가장 추악한 부분까지 다 아신다. 하나님은 우리를 온전히 아시면서도 그리스도 안에서 온전히 사랑하신다. 그분 앞에서 우리의 모든 것이 적나라하게 드러나지만 그분은 결코 우리를 거부하시지 않는다. 우리가 자기 자신으로 사는 것에 불편해할 때 하나님은 존엄성을 회복시키는 은혜로 우리를 위로해 주신다.

죄책감, 수치, 후회, 슬픔, 어색함, 열등감의 소음이 우리의 마음을 뒤흔들 때 하나님은 아동 작가 셀리 로이드 존스가 말하는 "절대 멈추지 않는, 절대 포기하지 않는, 절대 깨지지 않는, 항상 영원히 존재하는 사랑"으로 우리를 가라앉혀 주신다.[4] 하나님은 우리를 더 사랑하실 수 없을 만큼 사랑하시고 우리를 절대 덜 사랑하실 일이 없다. 우리가 무슨 짓을 해도 이 사실은 바뀌지 않는다.

그 저녁 모임에서 그 대화를 나눈 뒤로 나 자신으로 살아가는 것이 훨씬 좋아졌다. 나 자신으로 사는 것이 더 편해지고, 어색해하는 내 모습이 덜 어색하게 느껴졌다. 왜일까?

"나도 내가 싫어요"라고 말한 그 여성은 내가 정말 좋아하는 사람이었기 때문이다. 나는 그녀를 좋아하고 그녀처럼 되고 싶다. 그녀는 주중에는 뛰어난 창의력으로 유명세를 치르는 사람이다. 신실한 그리스도인이면서, 한 가정의 헌신적인 아내요, 엄마이며, 할머니다. 또한 사회의 낙오자들과 소외받는 자들에게 다가가 조용히 그들을 섬기며 많은 사람들에게 믿을 만한 친구가 되어 준다. 당신이 요청하면, 아니 요청하지 않아도 그녀는 자신의 가장 귀한 것을 내줄 사람이다. 그녀는 큰 성공을 거두었음에도 자신의 명성에 전혀 신경 쓰지 않는다. 또한 그녀는 꽤 재미있는 사람이다.

그녀는 '고문당하는 예술가'란 별칭이 딱 어울리는 사람이다. 그녀는 매일 느끼는 약간의 불안감과 자기의심이 최고의 작품을 탄생시키는 창의성의 원천이라고 말한다. 그녀는 이런 말이 목사이자 그리스도 안에서의 형제인 내게 얼마나 큰 의미가 있는지 전혀 모른다. 당나귀 이요와 전도서 기자에게 강한 동족 의식을 느끼는 사람으로서 내게는 이런 친구들이 필요하다. 동시에 다른 사람들에게도 나와 같은 친구가 필요하다.

우리 같은 전도서 기자 부류는 남들을 밟고 일어서는 부류와는 어울리지 않는다. 누군가를 짓밟는 행위는 우리의 소명이 아니다. 하나님은 우리를 다른 사람들을 깔아뭉개거나 스스로 무너져 신세한탄만 하는 사람이 아니라 진실을 말해 줄 사람으로 창조하셨다. 하나님이 우리를 다른 사람들의 삶에 두시는 이유는 그들을 지치게 하는 것이 아니라 일깨우기 위해서다.

이것이 우리에게 다른 사람들의 낙관적인 태도가 필요한 이유다. 낙관적인 사람들에게 우리 같은 친구가 필요한 것처럼 우리도 낙관적인 친구들이 필요하다. 빌립보서("주 안에서 항상 기뻐하라! 내가 다시 말하노니 기뻐하라!")를 사랑하는 사람들에게 전도서("모든 것이 헛되도다!")도 필요하다. 우리는 서로가 더 분명한 시각을 얻도록 도와줄 수 있다. 서로의 맹점과 덜 성숙한 인격을 다듬어 줄 수 있다. 우리는 공동체 안에서 성장한다.

참을성을 발휘하면 서로 잘 맞지 않는 사람들도 서로를 사랑할 수 있게 된다. 또 서로를 사랑하면 시간이 지날수록 서로를 더 좋아하고 서로의 필요를 더 깊이 느끼게 된다. 유쾌한 부류는 애가를 부르고 음미하는 법을 배우며, 애통하는 부류는 기쁨의 노래를 부르고 음미하는 법을 배워 갈 수 있다. 어떤 이들은 이것을 보기 드문 우정이라 부르며, 또 다른 이들은 교회라 부른다.

'서로의 노래를 부르는 것'에 관해서는 잠시 뒤에 더 자세히 살펴보자.

하지만 우리에게 먼저 전도서 같은 음울한 책이 필요
한 것은 애통하는 가운데 하나님의 기쁨이 증폭되기 때문
이다. 나의 가까운 친구이자 동료인 러스 램지는 한 설교에
서 기쁨이라는 예술에서 애통이 꼭 필요한 기술이라는 말
을 했다. 애통은 기술이고, 기뻐하는 것은 예술이다. 근사
한 표현이지 않은가?

주변에 불평꾼이 있는가? 혹시 당신 자신이 불평꾼인가?
불평꾼은 다른 사람들이 복으로 여기는 것에 관해 항상 불
평하고 투덜거리기만 한다. 애통은 이런 불평과 다르다. 심
지어 전도서 기자도 투덜거리기만 하지 않았다. 그는 치유,
세움, 웃음, 춤, 포용, 사랑, 하나님에게서 오는 평안을 즐기
는 시절도 있다고 말한다. 삶의 기저에 흐르는 슬픔 가운데
서도 그는 기쁨으로 먹고 행복한 마음으로 마시며 배우자와
함께하는 삶을 즐기고 자신의 일을 열정적으로 하는 것이
'좋다고' 인정하고 있다(전 3:1-8; 9:7-10). 그는 삶의 힘든 면을
거리낌 없이 말하지만 그런 면만 지적하지는 않는다.

반면, 불평꾼은 사실상 모든 것에 대한 불만족만 이야
기할 뿐이다. 감사할 거리가 많은데도 불평꾼은 잔이 반이

나 비어 있다고 생각한다. 아니, 반밖에 차 있지 않은 잔은 그에게 아예 '빈' 잔이나 다름없다.

C. S. 루이스에 따르면 불평꾼은 매우 위험한 상태에 있다. "지옥은 항상 투덜거리고 불평하고 남들을 탓하는 태도에서 시작된다. …… 하지만 여전히 불평은 당신 자신과 구별이 된다. 심지어 당신은 당신 안에 있는 불평을 비판하고, 불평을 그만두기를 바라기도 한다. 하지만 더 이상 그러지 않는 날이 올지도 모른다. 그때는 그런 태도를 비판하거나 심지어 불평을 즐길 당신이 남아 있지 않다. 그냥 불평 자체만 남아서 기계처럼 영원히 반복된다. 하나님이 우리를 '지옥에 보내시는' 것이 문제가 아니다. 우리 각자 안에 있는 싹을 잘라내지 않으면 계속해서 자라 지옥이 되어 버리는 뭔가가 있다."[5]

불평꾼은 왜 존재하는가? 무엇보다도 죄가 존재하기 때문이다. 모든 인간의 마음 깊은 곳에는 권리의식과 감사를 모르는 태도가 있다. 기회만 생기면 그것이 표출된다. 불평꾼은 그것을 계속은 아닐지라도 자주 표출하는 사람이다.

둘째, 불평꾼이 존재하는 것은 그들의 권리의식과 감사를 모르는 태도를 다른 사람들이 부추겼기 때문이다. 사람들이 그의 응석을 받아 주었기 때문이다. 인생에서 누리는 복들이 마땅한 권리가 아니라 감사해야 할 선물이라는 사실을 사랑으로 일깨워 준 사람이 없었기 때문이다. 우리가 누리는 복은 스스로 하나님이나 다른 누군가의 '총아' 위치에 올라서 얻은 것이 아니라 자격이 없는데도 하나님이나 다른 누군가의 후함과 은혜의 대상으로 '선택되어' 선물로 받은 것이다. 불평꾼을 회복하게 하는 유일한 길은 모든 복의 반대편에는 그 복으로 인해 겪지 않아도 될 저주가 있다는 사실을 보게 도와주는 것이다.

한때 나는 밤에 푹 자는 것을 당연하게 여겼다. 하지만 자주 불면증에 시달리는 지금은 아주 가끔씩 맛보는 밤의 단잠이 인생에서 가장 놀라운 선물이 되었다. 한때는 베이컨 치즈 버거에 감자 튀김이 당연했다. 거의 매일 이 식단으로 점심을 해결했으니 말이다. 하지만 콜레스테롤이 높은 지금은 아주 가끔 배에 기름칠을 하는 것만으로도 5성급 호텔 뷔페에서 진수성찬을 맛보는 것처럼 느껴진다. 한때는 겨울에 내리는 눈을 당연하게 여겼다. 하지만 '진짜' 눈이 10년에 겨우 한두 번 올까 말까 하는 도시에 사는 지금은 앞마당과 온 동네를 덮은 순백색 눈이 세상에서 가장 놀라운 경이처럼 느껴진다.

세상의 빈곤을 보면 자신에게 이미 허락된 풍요를 감사하며 누릴 수밖에 없다. 세상에 만연한 저주를 보면 받은 복에 진정으로 감사하게 된다. 세상의 부패를 보면 '새로워질 그 날'이 그렇게 감사할 수가 없다. 세상의 슬픔 앞에서 진정한 기쁨을 누릴 수 있다. 어두운 밤을 보내고 나서야 밝은 대낮이 진정으로 반가워진다. 패배의 고통을 맛본 사람만이 승리의 기쁨도 제대로 맛볼 수 있다. 고된 노동 끝에 맛보는 휴식은 그렇게 달콤할 수가 없다.

그리고 바로 하나님 나라, 천국 약속이 있다. 하나님의 영광과 천국의 영원한 행복의 무게에 비해서만 이 세상의 고통의 무게가 가벼워진다. C. S. 루이스는 이렇게 말했다. "바로 이것이 인간들이 오해하는 것이다. 그들은 몇몇 일시적인 고통에 관해서 '미래의 그 어떤 행복도 이것을 보상할 수 없다'라고 말한다. 그것은 천국을 얻기만 하면 그 천국이 거꾸로 작용해서 심지어 그 고통까지도 영광으로 바꿀 것이라는 사실을 모르고서 하는 말이다."[6]

토머스 무어 경의 찬송가 가사는 위로를 더해 준다. "천국이 치유할 수 없는 땅의 슬픔은 없네."[7]

하나님은 우리를 온전히 아시면서도
그리스도 안에서 온전히 사랑하신다.
그분 앞에서 우리의 모든 것이
적나라하게 드러나지만
그분은 결코 우리를 거부하지 않는다.
우리가 자기 자신으로 사는 것에 불편해할 때
하나님은 존엄성을 회복시키는 은혜로
우리를 위로해 주신다.

불평꾼을 회복하게 하는 유일한 길은
모든 복의 반대편에는
그 복으로 인해 겪지 않아도 될 저주가 있다는
사실을 보게 도와주는 것이다.

 프롤로그 12

거짓 없는 삶이란
곧 눈물을 동반한 삶

이 시대에는 비통이라는 감정이 무시받고 있다. 슬프고 괴로운 심정을 마음껏 더 표출하는 연습을 해 보면 어떨까? 다들 즐거운 감정의 표현은 당연하게 여기면서 아픈 마음을 표출하는 것은 왜 그렇게 불편해하고 못마땅하게 볼까?

허먼 멜빌은 전도서를 "모든 책 중에서 가장 참된 책"이라고 불렀다. 그것은 멜빌이 전도서 기자로 생각한 솔로몬이 삶에 관해 자신이 느끼는 대로 솔직하게 표현했기 때문이다. 솔로몬은 솜씨 좋은 작사가나 시인처럼 자기 안에 실제로 있는 것을 그대로 토해 냈다. 멜빌은 솔로몬을 예수님에 빗댔다. 성경은 예수님을 간고를 많이 겪고 질고를 아는 분으로 묘사한다(사 53:3). 성경은 예수님을 고난의 종으로도 그리고 있다. 그분은 고난을 통해 순종, 나아가 충성과 기쁨을 배우셨다(사 53:11; 히 5:8).

고난을 겪는 종으로서의 왕이라는 개념이 우리에게 거부감을 주는 가장 큰 이유는 의기양양한 태도의 미국이라는 나라와 어울리지 않기 때문이다. 고난의 종 예수님은 행복한 이야기만이 아니라 음울한 이야기도 축소하지 않고 있는 그대로 받아들이신다. 그분은 괜찮은 척하시지 않는다. 불안감과 우울증, 어린 시절의 트라우마, 인종 차별, 암

덩어리가 작은 문제인 것처럼 구시지 않는다. 우리 역사의 어두운 순간들을 눈가림하시지 않는다. 진실을 숨기시지 않는다. 더러운 먼지를 카펫 아래 밀어 넣고 깨끗한 척하시지 않는다. 우리의 애통을 억누르시지 않는다. 오히려 슬픔을 더없이 솔직하고도 과감하게 표현하라고 말씀하신다.

고난의 종은 고통 중에 있는 우리에게 가식의 미소를 지우고 아픈 마음을 솔직히 드러내며 살라고 말씀하신다. 의분을 발하라고, 선을 고수하는 동시에 악을 미워하라고 말씀하신다(시 4:4; 엡 4:26; 롬 12:9). 예수님은 불같이 노하는 행동으로 성전 안 장사치들의 상과 의자를 뒤엎고 인간의 죽음에 분노하고 비통해하고 괴로워하는 본을 보이셨다(마 21:12-13; 요 11:33). 죽음은 그분에게나 우리에게나 전혀 친구가 아니다. 죽음은 인간의 삶과 번영을 망가뜨리는 적이요, 공격자이며, 파괴자다. 예수님은 인간을 사랑하신다. 그래서 그분과 우리가 사랑하는 사람들이 상처를 입거나 위협을 당할 때 그분은 자연스럽게 비통해하시고 불같이 분노하셨으며, 그 강력한 에너지를 잘못을 바로잡는 일에 쏟아내셨다.

거짓 없는 삶이란 곧 눈물을 동반한 삶이다. 예수님도

우셨으며 우리에게도 울라고 말씀하신다. "우는 자들과 함께 울라 서로 마음을 같이하며 높은 데 마음을 두지 말고 도리어 낮은 데 처하며"(요 11:35; 롬 12:15-16).

아무도 홀로 고통당하지 않도록 고통 가운데서 우리는 연합을 이루어야 한다. 동병상련이라는 말이 있는 데는 이유가 있다. 서로의 고통을 함께하면 가장 깊은 형태의 교제 속에서 하나가 된다. 예수님의 죽음을 본받아 그분의 고난에 함께 참여하면 그분과 하나가 된다(빌 3:10).

성경의 거의 모든 책이 고난당한 이들의 손을 거쳐 세상에 나왔다. 노예들이 압제의 고통 가운데서, 죄수들이 악취가 진동하는 감방에서, 난민들이 집 없이 떠도는 삶 속에서, 또한 포로들이 정복자들의 잔혹한 기억에 시달리면서 성경을 썼다. 하물며 불륜과 살인을 들킨 왕도 죄책감의 공포 속에서 성경을 썼으며, 세상 기준으로 아무것도 부족함이 없는 부유하고 강한 왕이 모든 것이 헛되다는 잔혹한 현실을 깨닫고서 성경을 썼다.

모세, 다니엘, 요나, 다윗, 솔로몬, 바울 같은 고난당한 이들이 성경 기자에 포함된다. 좋은 스터디 바이블이 없다면 한 권 구입해서 이들의 이야기를 읽어 보길 바란다.[1] 이들의 고통, 불안감, 자기 의심은 실질적이고도 극심했다. 하지만 하나님은 그들에게 고통을 이겨 낼 소망과 인내를 허락하셨다. 이것은 오늘날 미국인들의 인생을 대하는 태도와 결이 다르다. 지혜가 충만하신 하나님은 아직 새로워지지 않은 타락한 세상 속에서 우리의 삶이 고난 가운데 이루어지도록 설계하셨다.

하지만 하나님은 우리를 사랑하시고 이해하시고 아끼시기 때문에 슬픔을 함께 표현할 노래들도 주셨다. 하나님은 그분의 백성을 위해 마련하신 오리지널 찬송가인 시편을 시작으로 그분의 형상에서 비롯한 인간의 모든 감정을 표현할 수 있는 목소리와 그 밖의 많은 도구를 주셨다. 놀랍게도 시편에는 기쁨보다 불평, 간절한 요구, 불만족, 고뇌, 분노, 항의하듯 들리는 시들이 많이 있다.

시편 기자는 당나귀 이요와 전도서 기자처럼 울부짖는다. "여호와여 어느 때까지니이까 나를 영원히 잊으시나이까 …… 여호와여 내가 깊은 곳에서 주께 부르짖었나이다 …… 내가 내 원통함을 그의 앞에 토로하며 내 우환을 그의 앞에 진술하는도다 …… 나를 아는 이도 없고 나의 피난처도 없고 내 영혼을 돌보는 이도 없나이다 …… 나의 부르짖음을 들으소서 나는 심히 비천하니이다 나를 핍박하는 자들에게서 나를 건지소서 …… 내 영혼을 옥에서 이끌어 내사 …… 내가 환난 중에 여호와께 부르짖었더니 …… 내 하나님이여 내 하나님이여 어찌 나를 버리셨나이까 어찌 나를 멀리하여 돕지 아니하시오며 내 신음 소리를 듣지 아니하시나이까 내 하나님이여 내가 낮에도 부르짖고 밤에도 잠잠하지 아니하오나 응답하지 아니하시나이다"(시 13:1; 130:1; 142:2, 4, 6-7; 120:1; 22:1-2).

이런 식으로 기도를 드린 적이 있는가? 가장 깊은 곳에 자리한 불평과 실망감과 배신감을 하나님 앞으로 가져간 적이 있는가? 그렇지 않다면 그 이유는 무엇인가? 이제 불편한 감정을 솔직하게 드러내며 기도드려야 할 때다. 무엇 때문에 이런 기도를 드리지 못하고 있는가? 하나님이 이런 감정을 다루시지 못할 것 같은가? 하나님이 솔직하게 마음을 표현했다고 당신을 거부할 것이라고 생각하는가? 당신이 '하나님의 말씀'을 빌려 이런 기도를 드리면 하나님이 상처받거나 기분 나쁘실 것이라고 생각하는가?

혹은 하나님의 반응이 두려운 것이 아니라 다른 문제가 있는가? 가감 없이 표현한 당신의 슬픔에 대한 하나님의 반응이 두려운 것이 아니라 당신 자신의 반응이 두려운가? 아직 내면의 고통을 직면하고 인정하며 솔직히 고백할 준비가 되지 않았다고 생각하는가? 아직 자신의 얼굴에서 가식적인 미소를 지우고 진짜 모습으로 살아갈 자신이 없는가? 실제로, 진짜 삶은 우리에게 불안과 두려움, 심지어 충격까지 줄 수 있다.

그래도 모험을 감수하며 진짜 삶 속으로 들어가라.

애통 가운데 들어가는 것은 기쁨이라는 예술에 꼭 필요한 기술이다. 시편 기자들은 성령의 감동으로 된 본보기를 통해 이 기술을 보여 준다. 그들이 '믿음이 있는데도 불구하고' 강한 비통의 감정을 솔직하게 표현하며 기도한 것이 아니었다. 오히려 그들은 '믿기 때문에' 슬픔에 잠겨 기도한 것이었다. 그들은 그런 기도를 통해 기쁨의 노래와 애통의 노래 '모두'로 우리를 초대하고 있다. 아니, 하나님이 그들을 통해 우리를 초대하고 계신다. 하나님은 장조의 노래만이 아니라 단조의 노래도 부르라고, 행복만이 아니라 상처도 표현하라고 초대하신다.

우리가 잘 강조하지 '않는' 시편도 우리가 반드시 관심을 기울여야 할 시편이다. 우리는 그런 시편으로도 자주 기도해야 한다.

전도서를 좋아하는 부류에게는 빌립보서가 필요하고, 빌립보서를 좋아하는 부류에게는 전도서가 필요하다는 점을 기억하라. 현실주의에는 소망이 필요하고 소망에는 현실주의가 필요하다. 둘 중 하나라도 없으면 불완전하다.

고통을 감추는 교회, 영적으로 무기력해지다

내 친구이자 동역자인 케빈 트위트는 좀 더 귀에 익숙한 현대적 멜로디를 붙여 잊힌 옛 찬송가를 되살리는 멋진 작업을 수년 동안 해 왔다.

케빈과 그의 아내 웬디는 우리 고향 내슈빌에 있는 벨몬트대학교(Belmont University)에서 학생들을 충성스럽게 섬기고 있다. 전 세계 여러 대학 캠퍼스에서 활동하는 RUF (Reformed University Fellowship) 동료들과 마찬가지로 케빈 부부는 청년들의 머리와 가슴과 삶에 성경의 '모든' 진리를 불어넣는 일에 일생을 바쳤다. 벨몬트대학교에 있는 그들의 제자 상당수는 유명한 음악대학을 보고서 그 학교에 왔고, 다들 작곡가와 음악가를 꿈꾸고 있다.

뛰어난 음악가인 케빈은 사역의 일환으로서 훌륭한 옛 찬송가 가사의 방대한 보고를 찾아 학생들에게 소개하는 일을 해 왔다. 음악에 일가견이 있는 학생들은 이 가사들에 독창적이면서도 쉬운 새 멜로디를 붙였다. 그렇게 되살아난 찬송가들은 시간이 갈수록 쌓이고 쌓여 계속해서 앨범으로 제작되고 있다. 이 찬송가들은 전 세계 대학 캠퍼스와 교회에서 불리고 있다. '인델러블 그레이스'(Indelible Grace; 지울 수 없는 은혜)로 알려진 이들의 의미 있는 사역은 우리 교회에도 많은 도움이 됐다. 혹시 샌드라 맥크라켄, 앤드류 오센가, 단 하셀틴, 제레미 카셀라, 매튜 스미스 같은 아티스트들의 음악을 자주 듣는가? 그들이 바로 트위트의 지도 아래서 배우고 성장한 이들이다. 이들이 널리 알린 옛 찬송가에는 다음과 같은 노래들이 있다.

* "와서 나와 함께 잠시 애통하세. 주의 곁으로 오라. 와서 함께 애통하세 …… 오, 깨어지고 힘든 나의 마음이여! 너희의 자기애와 악한 교만은 곧 그분의 빌라도요 그분의 가룟 유다라오. 우리 주 예수 십자가에 달리셨네."[2]

* "오, 위대하신 여호와여, 메마른 땅을 통과하는 이

순례자를 인도하소서. 나는 약하나 당신은 강하십니다.

당신의 강한 팔로 나를 붙드소서. …… 내 불안한 두려움에

작별을 고하네."[3]

* "오라, 너희 불쌍한 죄인들아, 약하고 상처 입고 병들어

아파하는 자들아, 예수님은 너희를 구원하기 위해 준비하고

계시니. 긍휼과 능력이 충만하신 분 …… 오라, 지치고

무거운 짐 진 자들아, 넘어져 상처를 입고 망가진 자들아,

더 나아질 때까지 지체하면 영영 올 수 없으니 …… 예수님

외에는 아무도 불쌍한 죄인들을 선하게 하실 수 없으니."[4]

어느 주일 우리 교회에서 케빈과 인델러블 그레이스 소
속 아티스트들이 새로운 멜로디로 편곡한 존 뉴턴의 찬송
가를 불렀다. 〈하나님께 구했네〉(I Asked the Lord)라고 하는
애통과 믿음이 가득한 찬송가다. 이 곡에서 뉴턴은 하나님
이 그를 거의 절망까지 몰아가 마음속 숨은 악을 느끼게 하
시고 지옥의 성난 힘들이 그의 영혼을 공격하게 하시며 비
통을 심하게 하시고 그를 낮춰 세상적인 기쁨을 위한 계획
들을 깨뜨리신 과정을 묘사한다. 그에 따르면 하나님이 이
런 일을 행하시는 것은 그가 무릎을 꿇고 하나님의 도우심

을 구하게 만드시려는 것이었다. 결과적으로 이 모든 시련
은 "믿음과 사랑과 모든 은혜 안에서 자라고" "구원을 더 깊
이 알고 그분의 얼굴을 더 간절히 구하게" 해 달라는 그의
기도에 대한 하나님의 응답이었다.[5]

그 주일 예배 후, 우리 교회에 다니는 케빈은 내게 인델
러블 그레이스가 지금까지 다시 유행시킨 옛 찬송가들 중
에서 〈하나님께 구했네〉가 대학생 사이에서 가장 인기 있
는 찬송가라고 말했다. 이유가 뭐라고 생각하는지 물어보
자 그는 그 노래가 솔직해서라고 대답했다.

솔직한 노래. 그 노래는 18세와 22세 사이 미국 대학생
들을 포함해 모든 인간이 때로는 남몰래 힘든 싸움을 하고
있다는 사실을 여실히 드러낸다.

이어서 케빈은 이렇게 말했다. "성도들에게 솔직한 노
래들을 더 많이 들려줘야 합니다. 그렇게 생각하시지 않나
요? 물론 주님 안에서의 기쁨을 강조하는 노래도 좋습니
다. 하지만 모든 교인이 어떤 식으로든 아파하고 있습니다.
그분들에게 솔직한 노래들을 더 많이 알려야 합니다."

그의 말을 듣자 하니 자신감 넘치는 현대 미국 교회
가 의기양양한 미국 문화의 산물이 아닌가 하는 생각이

들었다.

거의 모든 사람이 불안감에 시달리고 격려도 제대로 받지 못하고(underencouraged) 있다.[6] 그리고 거의 대부분이 이 사실을 인정하려 하지 않는다.

대부분의 미국 교회와 마찬가지로 미국 문화는 고통과 슬픔, 비통을 솔직하게 표현하는 것을 미덕으로 여기지 않는다.

"잘 지내시죠?"

우리는 일주일에 몇 번씩 가족과 친구, 동료들에게 이런 인사를 듣는다. 그런데 우리는 상대방에게 부담을 주기 싫어서 찌푸린 얼굴을 억지로 펴면서 자신의 상처를 축소하고 숨긴다. 사실은 전혀 잘 지내지 못하고 있을 때도 "잘 지내죠"가 우리의 습관적인 대답이다. 우리는 독한 수치심 때문에 깊은 곳에 숨겨 두었던 상처를 다시 표현하는 법을 배워야 한다.

긍정적이고 행복한 감정만 드러내고 상처 입은 감정을 드러내지 않는다면 그리스도인들은 고통을 감추는 세상 문화의 복사판으로 전락하고 말 것이다. 그렇게 되면 관계적으로는 서로를 지나치게 의존하게 되고, 영적·정서적으로는 무기력해진다.

망가진 세상에서 아픈 감정을 표현하는 것은 약한 믿음의 증거가 아니라, 오히려 강한 믿음의 증거다. 그것은 영적 미성숙의 증거가 아니라, 오히려 영적 성숙의 증거다. 우리가 그리스도를 닮지 못했다는 증거가 아니라, 오히려 그리스도를 닮았다는 증거다. 약함의 증거가 아니라, 강함의 증거다.

이스라엘 백성이 하나님을 버리고 제멋대로 만든 거짓 신들을 섬기거나 안식일을 어겼을 때 여호와는 진노하셨다(출 32:1-10; 느 13:18). 서기관들과 바리새인들이 안식일을 이용하여 자신들의 의를 자랑하고 다른 사람들을 경멸했을 때 예수님은 분노하셨다(막 2:22-28). 친구 나사로가 죽었을 때 예수님은 불같이 노하고 눈물을 흘리셨다(요 11:35). 하나님의 자녀가 원망을 품거나 비방이나 노함, 악의에 참여할 때 성령이 깊이 근심하신다(엡 4:30-32). 예수님은 세상의 죄를 위해 돌아가시기 직전 두려움을 느끼셨고, 결국 울부짖으셨다. "내 아버지여 만일 할 만하시거든 이 잔을 내게서 지나가게 하옵소서 그러나 나의 원대로 마시옵고 아버지의 원대로 하옵소서"(마 26:39).

시편 기자도 예수님도 고통을 느꼈고, 그 심정을 숨기지 않았다. 우리는 시편 기자와 예수님을 따라 주님 안에서 '기뻐해야' 한다. 또한 우리는 시편 기자와 예수님뿐 아니라 전도서 기자, 욥, 야곱, 한나, 마리아, 바울 등을 따라 주님 안에서 '애통해야' 한다. 물론 하나님이 행복한 순간을 주실 때 그분의 선하심을 고백해야 한다. 마찬가지로 하나님이 슬픈 순간을 주실 때도 그분의 선하심을 고백해야 한다. 웃음은 하나님이 우리에게 주신 선물이다. 눈물 또한 마찬가지다.

'주님 안에서 기뻐하라'는 부름과 '슬픔을 표현하는 일'은 상충하지 않는다. 슬픔은 기쁨을 강화하고 완성시킨다. 아플 때 아픔을 표현하면 우리는 덜 인간적이 아니라 더 인간적이 된다. 사실, 우리의 눈물과 슬픔, 그리고 이 세상에서는 모든 것이 헛되다는 사실을 인정하는 용기는 '샬롬'으로 돌아가기를 바라는 갈망에서 비롯한 고귀한 저항의 표현이다. 샬롬은 모든 사람과 장소, 사물이 광범위하게 또한 영원히 번영하는, 하나님의 참되고 변하지 않는 평강이다. 우주의 모든 부분이 남김없이 온전해질 때, 다시는 더러워지거나 손상되거나 부패하거나 쇠약해지지 않게 될 때 샬

롬이 이루어질 것이다.

우리가 슬픔을 표현하는 것은 하나님께 불경을 저지르는 것이 아니라, 오히려 "저주가 발견되는 곳까지 그분의 복이 흐르게 만들기 위해 오시는"[7] 창조주요 구속자께 영광을 돌리는 것이다.

우리의 부르짖음과 거룩한 포효는 이런 약속된 현실의 완성을 위한 것이다. 우리는 행복한 결말로 끝나는 이야기를 갈망하지만 행복한 허구를 갈망하는 것은 아니다. 우리가 갈망하는 이야기는 참된 이야기다. 그 이야기는 시공간의 역사 속에 근거하고 우리 주님이 부활과 재림의 약속을 통해 확증하신 이야기다.

예수님이 다시 오신다는 사실은 우리가 기뻐할 이유다.

예수님이 아직 오시지 않았다는 사실은 우리가 소망 가운데 애통하고 슬퍼하고 울어야 할 이유다. 아침에는 순전한 기쁨이 찾아오겠지만 지금은 눈물을 흘릴 때이기도 하다.

사람들이 평생 억누르고 피하고 무시하며 사는 그 부정적인 감정들은 도대체 왜 생겨나는가? 내가 볼 때 두 가지 주된 이유가 있다. 첫 번째 이유는 하나님을 하찮은 다른 것들로 대체하려고 하기 때문이다.

C. S. 루이스는 이렇게 말했다. "하나님은 우리를 지으셨다. 하나님은 사람이 엔진을 발명하듯 우리를 발명하셨다. 자동차는 가솔린으로 가도록 만들어졌다. 그 외에 다른 것을 넣으면 제대로 가지 않는다. 하나님은 인간이 그분을 연료로 하여 움직이도록 설계하셨다. 그분 자신이 우리의 영혼이 태워야 할 연료다. 혹은 그분 자신이 우리의 영혼이 먹어야 할 음식이다. 다른 것은 없다. 이것이 하나님께 귀찮은 종교 없이 우리 자신의 방식대로 행복하게 해 달라고 요청하는 것이 좋지 않은 이유다. 하나님은 우리에게 그분을 떠나서 누릴 수 있는 행복과 평강을 주실 수 없다. 그런 행복과 평강은 존재하지 않기에."[8]

하나님은 그분 자신을 위해 우리를 지으셨다. 그래서 인간의 마음은 그분 안에서 쉼을 찾기 전까지는 불안할 수밖에 없다.[9]

모든 인간의 마음속에는 하나님 크기와 하나님 모양의 구멍이 있다. 하나님 외에 다른 것으로 이 구멍을 채우려고 해 봐야 소용이 없다. 우리는 계속해서 굶주리고 목마를 수밖에 없다. 하나님 크기와 하나님 모양은 우주 자체보다도 크기 때문이다. 그 구멍은 오직 하나님으로 채우기 전까지는 영원히 채워지지 않은 채로 남아 있다. 하지만 그 구멍을 하나님으로 채우려면 다른 것들을 비워서 공간을 만들어 내야 한다. 그런데 이것이 항상 쉽지만은 않다. 때로는 고통스럽고, 심지어 지독히 고통스러울 수도 있다.

중독에서 벗어나려면 금단현상을 겪으며 갈증과 고통스럽게 싸우는 시간이 필요하다. 하나님 외에 다른 것을 구한 탓에 고통을 겪는 것도 마찬가지다. 예를 들어 섹스, 돈, 권력, 건강, 커리어, 다른 사람들, 특정한 라이프 스타일, 심지어 종교를 실질적인 구주로 삼았을 경우가 그렇다. 우리가 부여잡고 있는 이런 가짜 구주들, 은혜를 보지 못하고 은혜를 갈망하지 못하도록 방해하는 이 우상들과 길고도 고통스러운 싸움을 벌여야 한다.

내 우상이 무엇인지 깨닫기가 쉽지 않다. 대개 좋은 것들이기 때문이다. 우리는 어리석음에 빠져 그 좋은 것들을 필수적인 것들로 삼는다. 하지만 어떤 것 없이는 살 수 없다는 생각이 드는 순간, 사실상 그것을 버려야 하는 것이다. 알코올 중독자의 위스키와 심장질환 환자의 기름진 고기처럼 우상들은 우리의 상황을 좋게 만들어 줄 것을 약속한다. 하지만 실상은 우리의 상황을 악화시킨다. 단기적으로는 우리가 그것을 소비하지만 장기적으로는 그것이 우리를 잡아먹는다.

그리스도와 더 가까이 살기 위해 그분보다 못한 보화를 내려놓을 수 있겠는가? 생명을 얻기 위해 생명을 잃는다는 개념이 매력적으로 들리는가? 하나님 나라와 그분의 의를 먼저 구하는 것이 그분보다 못한 일시적인 것들을 추구하는 것보다 더 매력적으로 느껴지는가? '하나님이 선물로 주신 것들 혹은 당신이 그분에게서 훔친 것들 혹은 당신이 그분께 내놓지 않은 것들'보다 '하나님'을 더 원하는 마음이 가슴 한구석에 있는가? 그래서 뭔가 행동하고 싶은가? 그렇다면 자기 십자가를 지고 슬픔을 경험해 보라. 역사상 가장 위대한 사람은 간고를 겪고 질고를 아시는 분이었다는 사실을 잊지 말라(사 53:3).

"우리 주 예수 그리스도로 말미암아 하나님과 화평을

누리자 …… 그로 말미암아 우리가 …… 하나님의 영광을 바라고 즐거워하느니라 다만 이뿐 아니라 우리가 환난 중에도 즐거워하나니 이는 환난은 인내를, 인내는 연단을, 연단은 소망을 이루는 줄 앎이로다 소망이 우리를 부끄럽게 하지 아니함은 우리에게 주신 성령으로 말미암아 하나님의 사랑이 우리 마음에 부은 바 됨이니"(롬 5:1-5).

하나님을 더 온전히 알려면 이런 믿음과 자세를 취해야 한다. 고난의 종은 우리에게 이 길로 가야 한다고 말씀하신다. 십자가를 빙 돌아 면류관으로 가는 우회로 따위는 없다. 성금요일을 건너뛰고 부활절에 이르는 지름길 따위는 없다. 슬픔 없는 기쁨, 애통 없는 즐거움, 비통 없는 위로, 지침 없는 쉼, 상실 없는 유익, 애통의 노래 없는 기쁨의 노래, '전도서의 수증기' 없는 '빌립보서의 기뻐함'은 없다.

당신 이야기 속에 가득한 이 역설이 보이는가? 이 역설을 노래할 수 있겠는가?

대부분의 사람들은 삶의 밑바닥을 치기 전까지는 이런 질문에 대답할 수 없다. 내 경우를 보면 분명 그렇다.

우리에게 부정적인 감정이 생겨나는 또 하나의 주된 이유는, 바로 다음 장의 주제다.

망가진 세상에서 아픈 감정을 표현하는 것은
약한 믿음의 증거가 아니라,
오히려 강한 믿음의 증거다.
그것은 영적 미성숙의 증거가 아니라,
오히려 영적 성숙의 증거다.
우리가 그리스도를 닮지 못했다는 증거가 아니라,
오히려 그리스도를 닮았다는 증거다.

예수님이 다시 오신다는 사실은
우리가 기뻐할 이유다.
예수님이 아직 오시지 않았다는 사실은
우리가 소망 가운데 애통하고
슬퍼하고 울어야 할 이유다.
아침에는 순전한 기쁨이 찾아오겠지만
지금은 눈물을 흘릴 때이기도 하다.

모든 인간의 마음속에는
하나님 크기와 하나님 모양의 구멍이 있다.
하나님 외에 다른 것으로
이 구멍을 채우려고 해 봐야 소용이 없다.
우리는 계속해서 굶주리고 목마를 수밖에 없다.
하나님 크기와 하나님 모양은
우주 자체보다도 크기 때문이다.

인생 가시,
도통 '쉼'을 모르는
나를 부르는 초대였다

20대 중반, 신학을 공부하고 있을 때였다. 하루는 지역 신문에 실린 어느 목사의 유서를 보고 큰 충격을 받았다. 유서에는 이렇게 쓰여 있었다. "하나님, 조금 더 강해지지 못해서 죄송합니다. 하지만 목사가 우울증에 걸리면 도움을 구할 곳이 별로 없습니다. …… 우울증의 늪으로 점점 더 깊이 가라앉고 있는 것 같습니다. 물에 빠져서 숨을 한 번이라도 더 쉬기 위해 필사적으로 물 위로 고개를 드는 기분입니다. 하지만 아무리 애를 써 봐야 가라앉을 걸 알고 있습니다."

고인은 세인트루이스 지역의 한 대형 교회에서 목회하던 전도유망한 젊은 목사였다. 오랫동안 남몰래 기도와 치료, 약물을 통해 우울증과 싸우던 그는 결국 또 하루를 버틸 힘을 잃고 말았다. 가장 어두운 순간에 앞길이 창창한 그 젊은 목사는 평생 악마와 사투를 벌이느니 천사들 곁으로 가기로 결심했다. 유서의 마지막 말은 이러했다. "사나 죽으나 우리의 유일한 소망이신 우리 주님의 이름으로 기도합니다." 아프고 속상하지만 한편으로는 이상하게도 이 말이 위로가 되었다. 은혜는 모든 종류의 것들을 뒤덮는다.

사랑하는 자녀가 이와 같은 식으로 길을 잃었을 때 그

리스도의 마음이 얼마나 아플지 우리는 감히 상상조차 할 수 없다. 이 목사에게는 슬픔과 혼란이 소망보다 더 실질적으로 다가왔던 것이다.

그러다 세인트루이스에서 목회하던 또 다른 목사 역시 남모를 우울증으로 목숨을 끊었다는 소식을 들었고, 내 슬픔과 혼란은 배가되었다.

이 두 목사의 소식은 내게 큰 충격이었다. 예수님을 믿고 은혜를 설파하고 복음의 소망으로 남들을 위로하던 이 모범적인 리더들이 어떻게 자신에 관한 소망은 완전히 잃을 수 있단 말인가!

당시 나는 그리스도인과 우울증은 어울리지 않는다는 설교를 들었다. "빛은 언제나 어둠을 쫓아 버립니다. 옳은 것을 믿으면 언제나 평안과 기쁨이 따라오게 마련이지요." 이 설교자는 그렇게 그릇된 메시지를 전했다. 같은 시기, 그런 가르침을 바탕으로 한 찬양이 발표되어 선풍적인 인기를 끌었다. 그 찬양은 하나님의 임재 안에서는 우리의 모든 문제가 사라진다는 내용의 가사를 담고 있었다.

하지만 현실이 닥치면 이런 가르침과 찬양은 도움보다는 해가 된다. 매일 성경을 읽고 기도하며 위안을 찾던 두

충성스러운 종. 자신의 교회와 도시를 섬기고 사람들을 상담해 주며 은혜를 선포하던 두 목사가 스스로 목숨을 끊었다. 그것은 하나님의 임재 안에서도 이상하게 자신들의 문제가 사라지지 '않았기' 때문이다.

불안과 우울에 시달리는 사역자들

나도 종종 불안, 우울과 사투를 벌였다. 물론 내 우울증은 대개 심하지 않고 약한 강도의 증상이었다. 하지만 한번은 불안감과 우울증에 육체적으로도 정서적으로도 영적으로도 바닥을 쳤다.

당시 2주 연속 잠을 자지 못했다. 수면제를 먹어도 아드레날린이 진정되지 않아 쓰러져 잠들지 못했다. 오히려 정신만 더 말똥해졌다. 밤만 되면 또 밤새 불면증과 싸우다가 질까 봐 두려움이 밀려왔다. 해가 떠도 지독히 힘겨운 하루가 또다시 시작된다는 생각에 두렵기는 마찬가지였다.

당시 두 달 만에 몸무게가 무려 15퍼센트나 빠졌다. 어떤 대화에도 집중하기 힘들었다. 성경에서 찾은 하나님의 약속도 전혀 위로가 되지 않았다. 기도하기 위해 무릎을 꿇으면 그저 "제발 도와주세요", "제발 이 악몽을 끝내 주세요", "왜죠?"라는 말밖에 나오지 않았다.

톰 레이너의 연구에 따르면, 인생의 다양한 상황에서 비롯한 불안과 우울에 시달리는 목사들이 전에 없이 많아졌다고 한다. 영적 전쟁, 성도들과 목사 자신의 비현실적인 기대, 무분별하고 무절제한 비판과 험담(특히 온라인을 통한), 쉼과 회복을 위한 시간 부족, 가정 문제, 재정적인 쪼들림, 다른 목사들과의 비교, 이런 상황과 관련된 압박 탓에 목사들은 감정적 심연에 빠질 수 있는 후보 1순위다.[1]

두 목사는 정서적 심연을 더 이상 단 하루도 견딜 수 없는 지경에 이르러 자살을 했다. 또한 둘 다 거부당할까 봐 아무에게도 말을 못하고 조용히 고통과 씨름했다. 유서를 실은 기자는 목사가 다른 사람들에게 우울증 사실을 밝히면 그 교회에서 사임해야 한다고 말했다. 사람들은 망가진 사람에게 목회나 가르침, 인도받기를 원하지 않는다는 것이다.

정말 그럴까?

우리는 불안해하고 우울해하는 사람들을 망가진 제품인 양 취급하지 말고 시편과 예수님, 바울에게서 성경적인 약함의 신학을 배워야 하지 않을까? 그 신학을 우리의 삶뿐 아니라 우리가 이끌어야 할 사람들의 삶에 적용하는 법을 배우기 시작해야 하지 않을까? 사도 바울도 우리가 약함 속에서 하나님의 영광과 능력, 은혜를 경험한다고 말했다. 이 것이 하나님이 역사하시는 방식이다. 하나님의 방식은 우리 상식과 거꾸로다. 아니, 더 정확히 말하면 우리의 상식이 거꾸로다.

상처 입은 치유자

다른 무엇보다도 고난은 우리를 하나님의 긍휼과 은혜의 도구로 성장하게 해 준다. 고난은 다른 사람들을 사랑하고 다른 사람들에게 도움을 주는 사람으로 성장하도록 이끈다. 고난을 겪은 적이 없는 치유자는 다른 사람도 제대로 치유해 줄 수 없다. 헨리 나우웬은 이렇게 말했다. "리더십에 관한 큰 착각은 광야에 가 본 적이 없는 사람이 다른 사람들을 광야에서 이끌고 나올 수 있다고 생각하는 것이다."[2]

반면, 고난을 경험한 사람은 다른 사람들을 하나님의

푸른 초장으로 이끌어 치유받게 도와준다.

사도 바울은 이런 말로 우리를 격려한다. "찬송하리로다 그는 우리 주 예수 그리스도의 하나님이시요 자비의 아버지시요 모든 위로의 하나님이시며 우리의 모든 환난 중에서 우리를 위로하사 우리로 하여금 하나님께 받는 위로로써 모든 환난 중에 있는 자들을 능히 위로하게 하시는 이시로다 그리스도의 고난이 우리에게 넘친 것같이 우리가 받는 위로도 그리스도로 말미암아 넘치는도다 우리가 환난 당하는 것도 너희가 위로와 구원을 받게 하려는 것이요 우리가 위로를 받는 것도 너희가 위로를 받게 하려는 것이니 이 위로가 너희 속에 역사하여 우리가 받는 것 같은 고난을 너희도 견디게 하느니라 너희를 위한 우리의 소망이 견고함은 너희가 고난에 참여하는 자가 된 것같이 위로에도 그러할 줄을 앎이라"(고후 1:3-7).

성경에 따르면 '미치고 심각하게 망가진' 사람들을 통해 하나님은 가장 놀라운 역사를 행하신다. 몇 명을 더 소개하고 싶다. 한나는 불임과 망가진 가정 상황으로 비통함에 빠져 있었다. 엘리야는 너무 지쳐서 하나님께 목숨을 거두어 달라고 요청했다. 욥과 예레미야는 자신이 태어난 날을 저주했다. 다윗은 틈만 나면 자신의 영혼이 그토록 낙심한 이유를 물었다. 심지어 완벽한 신이요 인간이셨던 예수님도 슬픔에 휩싸여 애통해하셨다. 예수님은 친구들의 죽음 앞에서 눈물을 흘리셨다. 그런데 이 모든 성경 인물들은 하나님의 특별한 능력을 입어 세상을 변화시켰다. 그런 놀라운 역사는 고난에도 불구하고 이루어진 것이 아니라, 고난 때문에, 고난을 통해 이루어졌다.

이들은 진리와 아름다움, 은혜, 소망을 세상에 전해 주기 위한 하나님의 선택된 도구들이었다. 최고의 치료사들 중에는 스스로 치료를 받은 경험이 있는 사람들이 많다. 이것이 하나님이 역사하시는 방식이다.

불안과 우울증에 시달리고 있는가? 그렇다면 내 이야기를 듣고 이런 고난이 전혀 수치가 아니라는 사실을 깨닫게 되기를 바란다. 사실, 우리가 겪는 고난은 예수님의 사랑을 전하는 자로서 열매를 맺기 위한 열쇠일 수 있다. 우리에게는 죽음의 향기처럼 느껴지는 것이 다른 사람들에게는 생명의 향기가 될 수 있다. 우리가 고난 중에 하나님께 받은 위로로 고난 중에 있는 이들을 위로할 때 그런 놀라운 역사가 일어난다.

상한 나무도 열매를 맺으며, 나 역시 그렇게 상하고 구부러진 나무 중 하나였다. 내 삶에서 가장 어두웠던 시간, 불안과 우울의 심연으로 속절없이 빠져들던 그 시기, 살 의지가 급속도로 사라지던 그 시기에 24시간 내내 내 전화를 받아 준 두 사람이 있다. 그들은 내가 아무리 무너져도 여전히 내 편이라고 밤낮없이 말해 주었다. 나는 두려웠지만 혼자는 아니었다. 나는 마귀들을 마주했지만 동시에 천사 같은 존재들에게 둘러싸여 있었다.

특히 내 형제 매트와 내 아내 패티는 둘 다 누구보다도 뛰어난 '상처 입은 치유자'다. 둘 다 불안과 우울을 겪은 적이 있다. 둘 다 스스로 부러지고 망가진 적이 있기 때문에 내가 소망의 길을 다시 찾도록 힘써 도와줄 수 있었다.

고난을 당한다고 쓸모없어지지는 않는다.

망가졌다고 끝이 아니다.

불안과 우울은 아이러니하게도 소망의 이유가 될 수 있다. 내슈빌 크라이스트교회(Christ Presbyterian Church)에서 목사로 섬긴 지 2년 정도 지났을 무렵이었다. 한 교인이 나를 탁월한 설교자로 생각한다면서, 그러나 그 사실에는 크게 감흥을 느끼지 못했다는 말을 꺼냈다. 이야기를 들어 보니,

그랬던 그가 나를 진정으로 믿고 나를 '자신의' 목사로 받아들이게 된 계기는 다름 아니라 내가 전 교인 앞에서 불안과 우울증에 시달려 오랫동안 치료를 받아 왔다고 고백한 사건이었다.

그 순간, 이런 생각이 들었다. 목사와 인간으로서의 내 고난은 내 설교나 내 비전보다도 더 큰 영향을 미치고 있는지도 모른다. 거의 모든 시편, 아니 성경의 모든 책이 어둡고 우울하고 망가지고 불안한 곳에서 쓰였다는 사실을 기억할 필요가 있다.

대단해지라고 부르시지 않았다

불안과 우울은 모두 안식으로의 초대다. 우리가 완전히 넘어져 도움을 구하는 것 말고는 아무것도 할 수 없을 때, 바로 그 장소에서 예수님은 우리를 만나 주신다. 바로 그곳에서 예수님은 지치고 무거운 짐을 지고 망가지고 쉬지 못하는 영혼들을 그분께로 부르신다. 그분에게서 배우라 하시고, 그분의 겸손과 온유함을 보고 느끼라 하신다. 그래서 영혼의 쉼을 얻으라고 하신다(마 11:28-30).

우리 하나님은 부드러운 하나님이시다. 그래서 상한 갈대를 꺾는 법이 없으시다(사 42:3). 대신, 그 갈대를 더없이 조심스레 다루신다. 모든 종류의 상처에 대해 그렇게 해 주신다. 우리의 죄책감과 후회에 용서와 도덕적 정화, 환영으로 반응해 주신다. 우리의 상처와 슬픔에 자상함과 보호하심으로 반응하신다. 우리의 두려움과 의심에 안심시키는 긍휼과 돌보심으로 반응하신다. 이것이 그분이 성품을 드러내시는 방식 중 하나다. 《반지의 제왕》식으로 표현하자면 "왕의 손은 치유자의 손이니 그 손으로 합당한 왕을 알게 되리라."[3]

불안과 우울에 시달리는가? 그 고통을 다루는 데는 그분의 쉬운 멍에와 가벼운 짐만 한 것이 없다. 그 고통을 다루는 데는 치유의 손을 가지신 왕만 한 분이 없다.

불안장애나 우울증 같은 정신질환은 '대단해지는 것'이 내 소명이 아님을 늘 기억하게 하기 위한 하나님의 방식 중 하나다. 하나님은 나를 대단해지거나 큰 성공을 거두거나 기독교계의 인기인이나 영웅으로 명성을 얻으라고 부르시지 않았다. 그런 것은 오직 예수님께만 속했다.

하나님은 무엇보다도 사랑받도록, 그분의 사랑을 기꺼

이 받아들이도록, 그분의 사랑 안에서 쉼을 찾도록 나를 부르셨다. 하나님은 내가 예수님 덕분에 이미 이름이 있다는 사실을 기억하라고 말씀하신다. 내가 세상을 떠난 지 한참 뒤에도 하나님은 나를 기억하고 기뻐하실 것이다. 왜냐하면 그분은 나의 하나님이시고 나는 그분의 백성이기 때문이다. 그분은 나의 아버지이시고 나는 그분의 아들이다. 그리고 내가 영원으로 들어가는 그 날, 더 이상 죽음도 애통도 곡하는 것도 아픔도 없을 것이다.

한 아이가 주일학교 선생님 앞에서 시편 23편 1절을 살짝 잘못 암송했는데, 그 표현이 많은 그리스도인들의 마음에 큰 울림을 주었다.

"여호와는 나의 목자시니 내가 더 바랄 게 없으리로다."

정말 그렇지 않은가.

사도 바울은 자기 육체의 가시 덕분에 교만으로 흐르지 않을 수 있었다. 그래서 늘 겸손할 수 있었다. 그래서 하나님이 사랑하고 섬기라고 하신 사람들을 잘 사랑하고 섬길 수 있었다. 약함 속에 영광이 있다. 약한 자리에서 온전해지는 능력이 있다(고후 12:7-10).

물론 나는 아무도 불안이나 우울증에 시달리지 않기를

바란다. 그럼에도 내가 겪는 이 고난이 감사하다. 이 고난은 나를 계속해서 하나님의 안식 가운데로 다시 이끌어 주었다.

나의 한 멘토는 이런 말을 즐겨 한다. "우리에게 필요한 다른 것은 아무것도 없다. 그저 그분이 필요함을 인정하기만 하면 된다."[4]

우리에게는 죽음의 향기처럼 느껴지는 것이
다른 사람들에게는 생명의 향기가 될 수 있다.
우리가 고난 중에 하나님께 받은 위로로
고난 중에 있는 이들을 위로할 때
그런 놀라운 역사가 일어난다.

고난을 당한다고 쓸모없어지지는 않는다.
망가졌다고 끝이 아니다.

하나님은 나를 대단해지거나 큰 성공을 거두거나
기독교계의 인기인이나 영웅으로
명성을 얻으라고 부르시지 않았다.
그런 것은 오직 예수님께만 속했다.

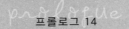

프롤로그 14

막다른 나의 끝,
그분께로 가는 열린 길이 되어

올해 나는 쉰세 살이 되었다. 살아온 날보다 앞으로 살 날이 적을 가능성이 커졌다는 뜻이다.

한때는 두 가지 스포츠를 하는 운동선수였건만, 한때는 힘과 에너지가 넘쳤건만, 마라톤 선수 못지않게 강한 심장의 소유자였건만, 날이 갈수록 예전에 비해 훨씬 피곤하고 활력이 없다. 불면증 탓이기도 하지만 나이를 먹은 탓이기도 하리라. 알베르 카뮈가 말한 "죽을 수밖에 없는 상태의 쓴맛"과 사도 바울이 말한 '피조물의 신음'이 예전보다 더 강하게 느껴진다.

하지만 이 나이에도 변하지 않은 것이 있다. 부활절은 해마다 다시 돌아오고, 성찬식은 매주 나를 다시 반긴다. 성찬식 전에 우리 교인들은 다른 성도들과 함께 모여 그리스도가 돌아가셨다가 부활하셨고 다시 오실 것이라는 진리를 선포한다. 이 진리는 역사에 근거한다. 이 진리는 참되며, 두려운 동시에 소망 가득한 역설을 담고 있다. 그 역설은 내가 죽어도 살 것이라는 것이다(요 11:25).

성경에 따르면 우리는 죽어도 영원히 땅에 묻혀 있지 않는다. 잠시 그곳에서 기다릴 뿐이다. 죽을 수밖에 없는 우리의 육신은 지금은 삶에 지쳐 있지만 엄청난 가능성을 지닌 씨앗처럼 될 것이다. 우리의 몸은 부활하게 되면 불멸의 모든 속성, 온전한 구속, 무한한 운동력, 온전한 번영, 영원한 행복을 지니게 될 것이다. 부활이요 생명 자체이신 예수님과 영원히 연합하게 될 것이다. 예수님은 살아 계시고 다시 죽지 않으시니 우리도 그렇게 될 것이다.

우리가 믿음의 선물을 받았기 때문에 '반드시' 그렇게 될 것이다. 심지어 지극히 작은 믿음만으로도 충분하다. 왜 일까? 우리가 본향인 천국으로 갈 수 있는 것은 우리 믿음의 강도나 질, 양 때문이 아니기 때문이다. 우리가 본향에 갈 수 있는 것은 하나님의 측량할 수 없는 선하심과 은혜, 그분의 신실하심의 강도와 질, 양 덕분이다.

우리의 믿음이 한결같든 수시로 의심에 흔들리든, 불안하든 평안하든 상관없이 작은 겨자씨 하나만큼이면 충분하다. 우리가 하나님 앞에 의인으로 설 수 있는 것은 우리가 구원받을 자격이 있어서가 아니라, 그리스도가 우리를 구원하실 자격이 있기 때문이다. 우리가 회개해서 우리를 향한 하나님의 인자하심이 있는 것이 아니라, 그분의 인자하심이 우리를 회개하게 만드는 것이다(롬 2:4). 우리를 향한 그분의 인자하심은 부드럽고 온유하고 겸손하다. 동시에 그분의 인자하심은 지축을 울리고 죽음을 이기는 능력이 있다.

예수님은 사랑하는 오빠의 죽음과 장사로 슬픔과 의심에 빠져 있는 마르다에게 이렇게 말씀하셨다. "네 오라비가 다시 살아나리라 …… 나는 부활이요 생명이니 나를 믿는 자는 죽어도 살겠고 무릇 살아서 나를 믿는 자는 영원히 죽지 아니하리니 이것을 네가 믿느냐"(요 11:23-26).

이보다 더 중요한 질문은 없다. 마르다는 이것을 믿었는가? 당신은 믿는가? 나는 믿는가?

'끝'을 끝내시려 죽으신 예수

나처럼 나이를 먹은 사람뿐 아니라 젊고 건강해서 죽음과 쇠약에 관한 생각을 잘 하지 않는 사람들에게도 예수님이 마르다에게 하신 이 질문은 중요하다. 이 글을 쓰는 지금, 세상은 팬데믹에서 회복하는 중이다. 하지만 코로나로 인한 사망률은 크게 낮아졌다 해도 그 여파는 여전히 남아 있다.

갑자기 찾아와 장기화된 이 위기는 전 세계 거의 모든

사람과 상황을 혼란에 빠뜨렸다. 어떤 이들은 직업적 안정과 미래를 잃었고, 어떤 이들은 건강을 잃었다. 공동체를 잃은 사람들도 있고, 분별력을 잃은 사람들도 있다. 어떤 이들은 목숨을 잃었다. 작은 바이러스가 우리 삶의 전경을 이토록 빠르고도 철저하게 뒤흔들어 놓을 줄 아무도 상상조차 못했다. 이 일로 인간은 세상을 통제하지 못한다는 사실이 또다시 증명되었다. 과거에도 그랬고 앞으로도 그럴 것이다.

몇몇은 상대적으로 덜 타격을 받은 상태에서 팬데믹을 이겨 냈다. 어떤 이들은 코로나 속에서도, 심지어는 코로나 덕에 더 많은 돈을 벌었다. 하지만 운 좋은 사람들의 부(富)도 시간이 지나면 사라지고 끝내는 썩어 사라질 것이다. 이 세상에서 쇠하고 썩지 않을 사람은 없다. 막대한 부를 소유했던 욥도, 거대한 제국을 이루었던 다윗도, 화려한 명성을 지녔던 솔로몬도, 큰 미덕을 지녔던 한나 룻이나 마리아도, 심지어 완벽한 인간이셨던 예수님도 그러했다.

우리가 방금 숨을 내쉰 순간, 마지막 숨을 내쉴 순간이 조금 더 가까워졌다. 백 년 뒤 세상에는 우리는 사라지고 새로운 사람들이 가득할 것이다. 인생은 경이로우면서도 더없이 고통스러우며, 그렇게 힘겹게 살다가 죽는 것이다. 아무도 죽음이라는 인류 최대 적을 피하지 못한다. 인간으로 오신 예수님도 죽음을 거치셨다.

디트리히 본회퍼는 히틀러에게 저항한 죄로 처형을 기다리던 중 감옥에서 죽음은 "자유로 가는 길 위의 최고의 축제"라는 글을 썼다.[1]

웨일스 출신의 시인이자 사제 조지 허버트는 죽음이 예전에는 처형자였지만 복음으로 인해 정원사로 변했다는 말로 이와 비슷한 소망을 표현했다. 그의 유명한 시 "죽음"(*Death*)의 다음 대목은 이런 소망적인 생각을 담고 있다.

죽음, 한때 너는 지독히 무시무시한 것이었네.

뼈만 남은 것,

더 슬픈 신음의 슬픈 효과……

하지만 우리 구주의 죽음으로

네 얼굴에 피가 떨어진 덕분에

너는 공정해지고 은혜로 가득해졌네.

너를 좋은 것으로 여겨 요구하고 찾는 이가 많아졌네.

이제 우리는 너를 즐겁고 기쁘게 보기에

심판의 날처럼

영혼들이 새로운 옷을 입을 때

그리고 네 모든 뼈가 아름다움을 입을 때

그래서 우리는 잠자듯 죽을 수 있네.

그리고 우리가 가진 절반을

진정 충성스러운 무덤에 맡길 수 있네.

깃털, 아니 먼지로 베개를 만들 것이네.[2]

그리스도 안에서 우리는 죽음을 뛰어넘고 궁극적으로는 죽음을 이기는 소망을 품을 수 있다. 예수님의 삶과 죽음, 장사, 부활, 약속이 모든 참이기 때문에 영원한 "영광의 무게"가 우리를 기다리고 있다.

성경은 이 소망을 증언하고 있다. "우리가 낙심하지 아니하노니 우리의 겉사람은 낡아지나 우리의 속사람은 날로 새로워지도다 우리가 잠시 받는 환난의 경한 것이 지극히 크고 영원한 영광의 중한 것을 우리에게 이루게 함이니 우리가 주목하는 것은 보이는 것이 아니요 보이지 않는 것이니 보이는 것은 잠깐이요 보이지 않는 것은 영원함이라"(고후 4:16-18).

오늘 우리가 경험하는 모든 후회, 상처, 두려움, 그리고 그로 인한 영혼의 지침은 다가올 새 하늘과 새 땅에서 이런 것을 비롯한 그 어떤 질병도 없이 우리가 누리게 될 삶의 프롤로그일 뿐이다. 우리 삶의 현재의 장(chapter)들은 낙심되고 비참한 순간까지도 하나님 이야기의 중간 장들에 불과하다.

우리를 기다리는 마지막 장은 이미 쓰여서 발표되었다. 이 마지막 장은 개정할 수도, 삭제할 수도 없다. 현재 가장 비극적인 이야기들은 행복한 결말로 귀결될 것이다. 이 이야기는 소설이 아니라 실화다. 끝이 없는 세상이 다가올 것이다. 영원한 행복이 찾아와 구부러지고 상하고 망가진 모든 것이 영원한 과거사가 될 것이다. 싱어송라이터 제레미 카셀라의 말처럼 죽음을 거꾸로 되돌리는 날이 올 것이다.

지쳐 있는 우리에게 이런 약속은 먼 나라 이야기처럼 느껴지기 쉽다. 아마도 우리가 살고 있는 이 세상을 보면 다가올 세상이 도무지 상상이 가지 않기 때문일 것이다. 혹은 약속된 영원한 평강의 시대가 오기 전에 우리에게 '먼저'

일어나야 할 일 때문일 것이다. "한 번 죽는 것은 사람에게 정해진 것이요"(히 9:27).

한편으로 죽음은 더없이 강하고 잔혹한 적이다. 죽음은 엄청난 무게로 우리를 짓누르고 부수는 맹렬한 힘이다. 심지어 죽음을 이길 힘을 지니신 예수님도 죽음이 사랑하는 친구 나사로와 그 가족들에게 저지른 짓에 슬퍼하고 분개하셨다. 또한 예수님은 자신의 십자가 죽음을 생각하며 고통과 저항의 외침을 터뜨리셨다.

하지만 하나님의 백성에게는 죽음을 둘러싼 소식들이 전부 나쁘기만 한 것은 아니다. 출산 이전의 극심한 산통처럼, 새벽 동이 트기 전의 어둠처럼, 따스한 봄이 오기 전의 겨울처럼, 죽음의 차가움과 맹렬함과 고통은 우리가 누리도록 창조된 삶으로 나아가는 길이다. 우리에게 죽음은 끝이 아니라 타락한 세상에서 감내해야 할 구부러지고 망가지고 죄와 상처로 얼룩진 인생 여정의 마지막 기착지일 뿐이다.

죽음을 돌아갈 길은 없다. 죽음은 피할 수 없다. 완벽히 기쁘고 풍요롭고 자유로운 삶을 경험하려면 먼저 사망의 어두운 골짜기를 통과해야만 한다. 죽음은 예수님이 우리를 위해 이미 치르신 죄의 삯일 뿐 아니라, 성경이 말하는 피조물의 신음의 부산물이다. 최소한 지금은 모든 사람과 장소와 사물이 죽음과 부패를 경험할 수밖에 없다(롬 8:18-25).

그렇다면 여기서 무슨 좋은 소식이 있는가? 그리스도의 사명 중심에 흐르는 주된 동기는 사랑이었다. 그 사랑으로 그분은 우리를 위해 목숨을 내놓으셨다. 그분은 모든 하나님의 백성에 대해 죽음이 죽고, 장사가 장사되고, 치명적인 질병이 치명타를 입고, '끝'이 끝나도록 하기 위해 죽으셨다.

자, 좋은 소식이다! 예수 그리스도는 거룩한 거부로 죽음을 정복하고 거부하셨다. 그분은 거룩한 미움으로 죽음을 미워하신다. 이 사실이 우리에게는 위로가 된다. 그리스도 안에 있는 모든 사람은 죽음의 반대편에서 죽음, 애통, 곡, 아픔 같은 파괴적인 것들을 과거사로서 돌아보게 될 것이다.

우리가 마음을 열 때

내가 존경하는 믿음의 영웅 중 한 명은 조니라는 70대 여성이다. 그녀는 열일곱이라는 어린 나이에 사고로 목 아래쪽이 마비되었다. 그뿐만 아니라 유방암, 수십 년간의 만성 통증, 지치게 만드는 힘든 나날을 보내며 수없이 "주님, 왜요? 도대체 왜요?"라고 울부짖어야 했다.

그런데 그녀는 내가 지금껏 본 사람 중에 가장 기쁨과 소망이 넘치는 사람이다.

다가올 죽음을 생각하기 시작한 나 같은 중년 남성에게는 조니의 이야기와 희망에 찬 목소리가 절실하게 필요하다. 그녀는 내 삶에 많은 영향을 미쳤다. 특히, 하나님이 비극, 두려움, 후회, 영혼의 지침 같은 최악의 것조차 좋은 것으로 바꿔 주신다는 그녀의 굳은 믿음이 내게 말할 수 없는 영향을 미쳤다. 상처 입은 그녀의 신음을 통해 빚어진 생생하고도 소망 가득한 천국 비전도 내게 고스란히 전해졌다.

사랑 많고 전능하신 하나님이 왜 그녀에게 암을 허락하셨다고 생각하느냐는 질문에 그녀는 이렇게 대답했다.

이 유방암으로 고통스러운 중에서도 구주께 날마다 더 가까이 다가갔습니다. 그분의 성품 가운데 1년 전, 심지어 6개월 전에는 미처 보지 못하던 것들이 있었습니다. 그러고

보면 저는 지금도 여전히 성장하고 변화되고 있습니다. ······
사람들이 치유에 관해 많이 묻는데, 저는 몸의 치유보다
마음의 치유에 더 관심이 많습니다. 저는 말씀 묵상과 기도에
게으른 태도와 지독한 교만을 없애 달라고 기도합니다.
자기중심적인 모습에서 건져 달라는 기도도 하지요. 이것이
더 중요합니다. 예수님은 이런 것을 더 중요하게 생각하시기
때문입니다.[3]

조니가 한 강연에서 우리 삶을 위한 하나님의 계획 속
에는 '고난'이 있다는 믿음을 고백하는 것을 들은 적이 있
다. 휠체어에 갇힌 상태에서 그녀는 때로 하나님이 사랑하
시는 일을 이루기 위해 그분이 미워하시는 일을 허용하신
다고 말했다. 그녀가 그 말을 끝낸 순간, 바늘 떨어지는 소
리가 들릴 정도로 강연장은 숙연해졌다.

조니의 말은 충격적이면서도 한편 위로가 된다. 그녀의
통찰은 예수님의 십자가를 늘 깊이 의식하는 데서 비롯한
다. 십자가에서 하나님은 그분이 미워하시는 일을 허용하
셨다. 즉 죄 없으신 독생자가 상하고 죽임당하도록 하셨다.
그 일은 사랑하시는 일을 이루시기 위함이었으며, "이처럼

사랑"하신(요 3:16) 죄인들을 구원하시려는 것이었다. 그리고 하나님이 그 일을 행하신 것은 죄인들이 선해서가 아니라 그분이 선하시기 때문이었다.

관련된 글에서 조니는 자신의 휠체어에 관해 다음과 같이 말했다.

> 이 휠체어를 천국으로 가져가고 싶다. …… 이것을 가져가 작은 구석에 놓고 싶다. …… 완벽하게 영화로워진 새 몸을 입고 영화로워진 다리로 내 구주 바로 옆에 서서 …… 그리고 말할 것이다. '주님, 저 휠체어가 보이시나요? 이 세상에는 고난이 많다는 당신의 말씀이 옳았습니다. 하지만 제가 그런 일로 약해질수록 당신을 더 깊이 의지했습니다. 그리고 당신을 더 깊이 의지할수록 당신의 강하심을 더욱 깨닫게 되었습니다. 당신이 저 휠체어라는 고난의 선물을 주시지 않았다면 그렇게 될 수 없었을 거예요.' 그리고 나서 색종이 테이프가 뿌려지는 퍼레이드가 시작될 것이다. 온 땅이 이 잔치에 참여할 것이다.[4]

조니 같은 강한 영혼의 소유자들은 겉으로 보이는 편안

한 삶이 아니라, 바닥을 치는 인생의 경험에서 믿음이 더욱 깊어졌다. 놀라운 믿음을 소유한 사람들은 대개 극심한 고난과 상실 속에서 자신의 끝에 다다른 사람들이다.

아름다운 사람은 저절로 만들어지지 않는다. 하지만 그런 사람이 만들어지면 심지어 휠체어도 설교단으로, 항암 치료실도 예배의 장소로, 만성 통증도 거룩함으로 가는 통로로, 무덤도 부활의 땅으로, 죽음도 자유로 가는 길목의 축제로 변한다.

물론 우리 대부분은 평생 휠체어에 갇혀 살지는 않을 것이다. 하지만 우리도 인생의 지치고 고통스러운 현실을, 그리스도를 발견하고 알며 그분과 함께 자유로 나아가기 위한 통로로 삼아야 한다. 우리의 마음을 열면 과거에 대한 '우리의 후회'가 하나님의 용서와 은혜, 환영으로 가는 통로가 될 수 있다. '우리가 입은 상처'는 하나님의 인자하심과 긍휼, 치유의 손길로 가는 통로가 될 수 있다. '우리가 느끼는 두려움'은 하나님의 안심시키는 임재와 약속으로 가는 통로가 될 수 있다.

우리의 지친 마음은 하나님의 쉼으로 가는 통로가 될 수 있다.

우리의 몸은 부활하게 되면
불멸의 모든 속성, 온전한 구속, 무한한 운동력,
온전한 번영, 영원한 행복을 지니게 될 것이다.
예수님은 살아 계시고 다시 죽지 않으시니
우리도 그렇게 될 것이다.

―

우리 삶의 현재의 장(chapter)들은
낙심되고 비참한 순간까지도
하나님 이야기의 중간 장들에 불과하다.

―

우리에게 죽음은 끝이 아니라,
타락한 세상에서 감내해야 할
구부러지고 망가지고 죄와 상처로 얼룩진
인생 여정의 마지막 기착지일 뿐이다.

―

아름다운 사람은 저절로 만들어지지 않는다.
하지만 그런 사람이 만들어지면
심지어 휠체어도 설교단으로,
항암 치료실도 예배의 장소로,
만성 통증도 거룩함으로 가는 통로로,
무덤도 부활의 땅으로,
죽음도 자유로 가는 길목의 축제로 변한다.

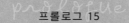

프롤로그 15

오늘도,
'만물이 계속 새롭게 될'
본향으로 한 걸음

그리스도께서 죽으셨다가 부활하셨으며 다시 오실 것이기 때문에 우리가 처할 운명은 단지 땅속에서 영원히 썩은 채로 있는 것이 아니다. 우리의 운명은 부활하여 영생 가운데 날마다 더 커져 가는 행복을 누리는 것이다. 수백 년, 수천 년, 수십억 년, 아니 영원토록 계속해서 더 좋아지리라.

"그〔고난의 종 예수님의〕정사와 평강의 더함이 무궁하며 …… 만군의 여호와의 열심이 이를 이루시리라"(사 9:7).

"더함." 선지자 이사야의 이 말은 무슨 의미일까? 성령은 이사야에게 감동을 주어 이 글을 쓰게 하실 때 어떤 의미를 생각하셨을까?

'새 하늘과 새 땅에서 보좌에 앉으신 그리스도'에 관한 사도 요한의 환상 역시 성령의 감동으로 이루어진 것이다. 그 환상이 "더함"의 의미를 이해하는 데 도움을 준다. 요한은 이렇게 말한다. "보라 하나님의 장막이 사람들과 함께 있으매 하나님이 그들과 함께 계시리니 그들은 하나님의 백성이 되고 하나님은 친히 그들과 함께 계셔서 모든 눈물을 그 눈에서 닦아 주시니 다시는 사망이 없고 애통하는 것이나 곡하는 것이나 아픈 것이 다시 있지 아니하리니 처음 것들이 다 지나갔음이러라 보좌에 앉으신 이가 이르시되 보라 내가 만물을 새롭게 하노라 하시고 또 이르시되 이 말은 신실하고 참되니 기록하라 하시고"(계 21:1-5).

예수님이 만물을 새롭게 하실 것이라고 말씀하실 때 헬라어 동사의 시제를 놓치지 말아야 한다. 예수님은 다가올 새 하늘과 새 땅에서 만물을 '계속해서' 새롭게 하실 것이라고 말씀하신다. 예수님은 만물을 새롭게 하는 일을 멈추지 않으실 것이다. 1분, 한 시간, 하루, 한 달, 1년, 10년, 백년, 천 년, 이렇게 시간이 지날수록 계속해서 전보다 더 좋아지고 온전해지고 만족스러워질 것이다.

믿음으로 그리스도께 사랑받는 자녀인 우리가 지금은 상상도 못할 만큼 젊고 강하고 똑똑하고 빠르고 행복하고 평안하고 안정되고 온전하게 느끼게 될 날이 다가오고 있다. 그때 우리의 일은 보람차고 심지어 재미있을 것이다. 우리의 놀이는 영웅적이고 끝이 없을 것이다. 하나님과 연결되고 우리 서로가 연결되는 것이 큰 기쁨과 만족의 근원이 될 것이다. 노력하지 않아도 솔직해질 것이며, 기만, 험담, 갈등은 발도 못 붙이리라. 사랑이 당연해지고, 미움, 분열, 의심, 편협, 배척은 희미한 기억 속에만 남아 있을 것이다.

예수님의 제국, 내 친구이자 기도 파트너이며 동료 목사인 레이몬드 오틀런드가 "은혜의 제국"이라고 부르는 그곳에서 우리는 영원히 자유로울 것이다. "은혜의 제국은 영원히 확장될 것이다. …… 〔예수님은〕 이런저런 문제를 바로잡기 위해 돌아오실 것이다. 모든 조직적인 악을 대대적으로 영원히 바로잡으실 것이다. …… '더함' …… 영원히 상승하고 영원히 확장하고 영원히 가속화되고 영원히 강화된다. '이건 한계야. 더 이상은 새로운 것을 생각해 내실 수 없을 거야. 새로운 것은 이미 다 봤어'라고 말할 순간은 찾아오지 않을 것이다. 유한한 우리가 계속해서 더 놀라워지는 무한을 경험할 것이다. 모든 새로운 순간이 이전 순간보다 더 좋아질 것이다."[1]

어떤가? 놀랍지 않은가? 우리를 본향으로 데려다주는 것은 우리 믿음의 크기가 아니라 믿음의 대상이다.

그리스도 덕분에 우리가 항상 꿈꾸던 풍성하고 번영하는 삶이 더 이상 꿈이 아니게 될 것이다. 오늘 우리를 지치게 하는 후회와 상처, 두려움은 지난밤의 악몽에 불과하게 될 것이다. 과거의 모든 악몽처럼 이 악몽은 깨어나면 사라질 것이고, 그 후에는 기쁨만 날마다 더할 것이다. 잃었다고 생각한 것을 되찾고 회복하며 새로워질 것이다.

사도 바울은 핍박과 고난, 매일 닥치는 죽음의 위협 앞에서 확신 있게 말했다.

이 모든 일에 우리를 사랑하시는 이로 말미암아 우리가
넉넉히 이기느니라 내가 확신하노니 사망이나 …… 다른
어떤 피조물이라도 우리를 우리 주 그리스도 예수 안에 있는
하나님의 사랑에서 끊을 수 없으리라(롬 8:31-39).

바울과 같은 유산을 공유하는 자로서 우리도 아름답고 밝은 미래에 관한 이 소망을 품을 수 있다.

죄와 고통의 한복판에서 본향을 갈망하는 형제 자매여, 당신의 가장 좋은 날, 가장 화려하고 건강하고 행복한 모험은 언제나 뒤가 아닌 앞에 있다는 확신을 갖기를 간절히 기도한다. 새 하늘과 새 땅에서 예수님이 온 우주 만물을 계속해서 새롭게 하실 것이다.

이 사실은 신실하며 참되다. '1장이자, 인생 단 하나의 장'을 시작하기 전 이 마지막 프롤로그를 마무리하는 말로, 회복된 나니아 나라를 그린 C. S. 루이스의 글보다 더 좋은

표현은 생각나지 않는다. 루이스는 유다의 사자이신 그분을 닮은, 소설 속 부활한 사자 아슬란의 통치 아래 들어간 나니아 나라를 다음과 같이 묘사했다.

아슬란이 말하는데 더 이상 사자처럼 보이지 않았다. 그러고 나서 너무도 위대하고 아름다워도 글로 옮기지 못할 만한 일이 벌어지기 시작했다. 우리에게는 이것이 모든 이야기의 끝이다. 우리는 그들 모두가 그 뒤로 영원히 행복하게 살았다고 자신 있게 말할 수 있다. 하지만 그들에게는 이것이 진짜 이야기의 시작이었을 뿐이다. 이 세상에서 그들의 모든 삶, 나니아 나라에서 그들의 모든 모험은 표지와 속표지에 불과했다. 이제 마침내 세상 누구도 읽어 보지 못한 위대한 이야기의 1장이 시작되었다. 영원히 계속되는 이야기. 모든 장이 이전 장보다 더 좋은 이야기.[2]

예수님은 다가올 새 하늘과 새 땅에서
만물을 '계속해서' 새롭게 하실 것이라고 말씀하신다.
예수님은 만물을 새롭게 하는 일을 멈추지 않으실 것이다.
시간이 지날수록 계속해서 전보다 더
좋아지고 온전해지고 만족스러워질 것이다.

우리를 본향으로 데려다주는 것은
우리 믿음의 크기가 아니라
믿음의 대상이다.

1장이자,

인생 단 하나의 장

Chapter One and Only

또 내가 새 하늘과 새 땅을 보니
처음 하늘과 처음 땅이 없어졌고
바다도 다시 있지 않더라
또 내가 보매 거룩한 성 새 예루살렘이
하나님께로부터 하늘에서 내려오니
그 준비한 것이 신부가 남편을 위하여
단장한 것 같더라
내가 들으니 보좌에서
큰 음성이 나서 이르되
보라 하나님의 장막이
사람들과 함께 있으매
하나님이 그들과 함께 계시리니
그들은 하나님의 백성이 되고
하나님은 친히 그들과 함께 계셔서

모든 눈물을 그 눈에서 닦아 주시니
다시는 사망이 없고 애통하는 것이나
곡하는 것이나 아픈 것이
다시 있지 아니하리니
처음 것들이 다 지나갔음이러라
보좌에 앉으신 이가 이르시되
보라 내가 만물을 새롭게 하노라 하시고
또 이르시되 이 말은 신실하고 참되니
기록하라 하시고
또 내게 말씀하시되 이루었도다
나는 알파와 오메가요
처음과 마지막이라
내가 생명수 샘물을
목마른 자에게 값없이 주리니

이기는 자는
이것들을 상속으로 받으리라
나는 그의 하나님이 되고
그는 내 아들이 되리라.

- 요한계시록 21장 1-7절

사랑하는 자들아

우리가 지금은 하나님의 자녀라

장래에 어떻게 될지는

아직 나타나지 아니하였으나

그가 나타나시면

우리가 그와 같을 줄을 아는 것은

그의 참모습 그대로

볼 것이기 때문이니.

- 요한일서 3장 2절

끝,

그리고 진정한 시작.

끝이 없는 세상.

아멘.

베어 라인하르트, 앤드류 피터슨, 홀리 윌리엄스, 케빈 트위트, 데이브 헤이우드, 네이던 테스커, 트렌트 뎁스, 톰 더글러스, 케니스 게티·크리스틴 게티 부부, 드루 홀콤·엘리 홀콤 부부, 에브너 라미레즈, 어맨더 수다노, 벤 렉터, 샌드라 맥크라켄, 테일러 레온하트, 제레미 카셀라, 앤디 굴라혼, 테일러 스위프트, 토머스 레트, 밥 딜런, 제이슨 이스벨, 브랜디 칼라일에게 감사한다. 이들은 구속적인 노래들을 써 주었고, 그 노래들은 구속적인 산문을 쓰기 위한 과정 내내 나와 동행해 주었다.

칩 도드에게 감사한다. 도드는 나를 뒤로 데려가 앞으로 가는 길을 보여 주었다. 어린아이처럼 생각하고 느끼고 꿈꾸도록 그가 도와준 덕분에 나는 더 나은 사람이 될 수 있었다. 나는 여전히 프롤로그의 어디쯤에 갇혀 있다. 하지만 본향의 냄새가 점점 더 강해지고 있다. 노래는 점점 더 커지고 있고 괴물은 점점 더 조용해지고 있다. 도드의 영향력 없이는 이 책을 쓸 수 없었을 것이다. 이 책 곳곳에 그의 지문이 묻어 있다. 그를 사랑한다.

웨스 요더와 웹 욘스를 비롯한 존더반(Zondervan) 팀에 감사한다. 이들은 정말 뛰어난 실력자들이다.

패티, 엘리, 애비, 제프를 주신 하나님께 감사한다.

소망의 노래들을 큰 소리로 불러 주는 우리 크라이스트교회 식구들에게 감사한다.

이 책을 쓸 수 있도록 격려해 준 팀 켈러·캐시 켈러 부부에게 감사한다.

프롤로그 1과 8에서 소개한 고등학교 시절 남자아이와 여자아이에게 미안하다는 말을 꼭 하고 싶다.

I

프롤로그 1

1. Herman Melville, *Moby Dick* (New York : Scribner, 1902), 71. 허먼 멜빌, 《모비딕》.

프롤로그 2

1. Thom S. Rainer, "How Many Hours Must a Pastor Work to Satisfy the Congregation?" Christian Post, July 26, 2013, www.christianpost.com/news/how-many-hours-must-a-pastor-work-to-satisfy-the-congregation.html.

2. Thom Rainer, "Six Reasons Your Pastor Is about to Quit," Church Answers, August 31, 2020, http://churchanswers.com/blog/six-reasons-your-pastor-is-aboutto-quit/.

3. Theodore Roosevelt, "Citizenship in a Republic," speech delivered at the Sorbonne in Paris, France, on April 23, 1910.

4. C. S. Lewis, *The Problem of Pain* (New York: HarperOne, 2009), Kindle. C. S. 루이스, 《고통의 문제》(홍성사 역간).

5. Elisabeth Kubler-Ross, *Death: The Final Stage of Growth* (New York: Scribner, 2009), Kindle.

프롤로그 3

1. Annie Dillard, *Teaching a Stone to Talk* (New York: Harper Perennial, 2013), 58.

2. '하나님의 거룩하심'과 '그분의 최상' 사이의 연관성은 팀 켈러의 설교에서 처음 들었다.

3. 앤 라모트(Anne Lamott)가 "백 년 뒤엔?"이란 질문에 이런 식으로 답하는 것을 들은 적이 있다.

4. Timothy Q. Cebula, *Berkshire Eagle*, 1996년 11월 18일자 기사. Fleming Rutledge, *Advent: The Once and Future Coming of Jesus Christ* (Grand Rapids: Eerdmans, 2018), 231에 인용.

5. Barbara Pym, *An Academic Question*. Rutledge, *Advent*에 인용.

6. Rutledge, *Advent*, 233-234.

7. 이 표현은 팀 켈러(Timothy Keller)의 설교에서 처음 들었다.

8. Cormac McCarthy, *No Country for Old Men* (New York: Vintage, 2006), 267.

9. Dane Ortlund, *Gentle and Lowly* (Wheaton, IL: Crossway, 2020), 179-180. 데인 오틀런드, 《온유하고 겸손하니》(개혁된실천사 역간).

프롤로그 4

1. Gene Weingarten, "Pearls before Breakfast: Can One of the Nation's Great Musicians Cut through the Fog of a D.C. Rush Hour? Let's Find Out," *Washington Post*, 2007년 4월 8일 확인, www.washingtonpost. com/lifestyle/magazine/pearls-before-breakfast-can-one-of-the-nations-great-musicians-cut-through-the-fog-of-a-dc-rush-hour-lets-find-out/2014/09/23/8a6d46da-4331-11e4-b47c-f5889e061e5f_story.

html?itid=lk_inline_manual_4.

2. Albert Camus, *Carnets*: 1935-1942 (London: Hamish Hamilton, 1963). 알베르 카뮈, 《작가수첩 1》(책세상 역간).

3. C. S. Lewis, *A Grief Observed* (New York: HarperOne, 1999), Kindle. C. S. 루이스, 《헤아려 본 슬픔》(홍성사 역간).

4. 이 연설의 전문은 욥기 38-40장을 보라.

5. 웨스트민스터 소요리문답(Westminster Shorter Catechism) 제4문 "하나님은 어떤 분이십니까?"에 대한 답.

II

프롤로그 5

1. 사도신경 중에서.

2. Fleming Rutledge, *Advent: The Once and Future Coming of Jesus Christ* (Grand Rapids: Eerdmans, 2018), 98-99.

3. Scott Sauls, *Befriend* (Wheaton, IL: Tyndale, 2016), 35-42.

4. Annie Dillard, *The Writing Life* (New York: Harper Collins, 2009), Kindle. 애니 딜라드, 《작가살이》(공존 역간).

5. 이 말은 흔히 찰스 스펄전(Charles Haddon Spurgeon)이 한 말로 여겨진다. 하지만 정확한 출처는 알려져 있지 않다.

6. Carl Sagan, *Pale Blue Dot* (New York: Ballantine, 2011), Kindle. 칼 세이건, 《창백한 푸른 점》(사이언스북스 역간).

프롤로그 6

1. *Wordsworth Dictionary of Musical Quotations* (Cody, WY: Wordsworth, 1991), 45. 이 말은 흔히 플라톤(Plato)이 한 말로 여겨지지만 정확한 출처는 밝혀진 바 없다.

2. C. S. Lewis, *Reflections on the Psalms* (New York: HarperOne, 2017), Kindle.
    C. S. 루이스, 《시편 사색》(홍성사 역간).

3. 데런 화이트헤드(Darren Whitehead)와 크리스 탐린(Chris Tomlin)에게서 이 표현을 처음 들었다. 그들은 이와 이름이 같은 예배에 관한 책을 공동으로 저술했다.

4. 이 아름다운 표현은 내 친구이자 오랜 멘토인 스코티 스미스(Scotty Smith)에게서 처음 들었다.

프롤로그 7

1. Emily Dickinson, "The heavens were stitched," 1830-1886 Poems, J378, Fr633, Houghton Library.

2. Brennan Manning, *The Ragamuffin Gospel* (Colorado Springs: Multnomah, 2008), Kindle.

3. Rick Warren, "Think about this today: In God's garden of grace……" Facebook, 2015년 10월 23일, www.facebook.com/pastorrickwarren/posts/10153653746555903:0.

4. John Flavel, *The Whole Works of the Rev. Mr. John Flavel* (London: W. Baynes and Son, 1820), I:61.

프롤로그 8

1. Aleksandr Solzhenitsyn, *The Gulag Archipelago* (New York: Harper Perennial Reissue, 2020), Kindle.

2. Augustus Toplady, "Rock of Ages" (public domain, 1763). 새찬송가 49장, 〈만세반석 열리니〉.

프롤로그 9

1. Kenneth Woodward, "What Ever Happened to Sin?" *Newsweek*, 1995년 2월 5일, www.newsweek.com/what-ever-happened-sin-185180.

2. 존 거스너(John Gerstner)의 제자들이 이 인용문을 거스너의 말로 증언하는 것을 자주 들었다.

3. 이 인용문은 조 노벤슨(Joe Novenson)이 한 말로 여겨진다.

4. Anonymous, *The Big Book of Alcoholics Anonymous* (Twelve Step Study Guides Publishing, 2015), Kindle.

5. Miroslav Volf, *Exclusion and Embrace* (Nashville: Abingdon, 2019), Kindle. 미로슬라브 볼프, 《배제와 포용》(IVP 역간).

6. *The Services of the Book of Common Prayer* (London: William MacIntosh, 1884), 27에서 발췌 수정.

7. Anonymous, *The Big Book*.

III

프롤로그 10

1. Cynthia Heimel, "1980–1989: The Celebrity Decade," *Village Voice*, 1990년 2월 2일, 2020년 2월 6일에 확인, www.villagevoice.com/2020/02/06/1980–1989-the-celebrity-decade/.

2. Ann Voskamp, "About Celebrities and Living Small: A Lent to Repent and Live in the Universe of Jesus," *annvoskamp.com*, 2022년 2월 1일에 확인, www.goodreads.com/author_blog_posts/20978569-about-celebrities-living-smal-a-lent-to-repent-live-in-the-univers.

3. 위와 같음.

4. Henry David Thoreau, *Walden; or, Life in the Woods* (New York: Dover, 2012), Kindle. 헨리 데이비드 소로, 《월든》.

5. 전도서 기자가 누구인지에 관해서는 논쟁이 있지만 일부 학자들은 솔로몬이라고 본다. 전도서 기자는 자신을 부유한 왕으로 묘사하는데 솔로몬이

바로 그런 왕이기 때문이다.

6. Herman Melville, *Moby Dick* (public domain, 2019), Kindle. 허먼 멜빌, 《모비 딕》.

프롤로그 11

1. The Enneagram Institute, "The Individualist: Enneagram Type Four," *enneagram institute .com*, www.enneagraminstitute.com/type-4.

2. Steve Jobs, " 'You've Got to Find What You Love,' Jobs Says," *Stanford. edu*, Stanford University, 2005년 6월 14일, https://news.stanford. edu/2005/06/14/jobs-061505/.

3. Samuel Stennett, Christopher Miner 편곡, "On Jordan's Stormy Banks" (public domain).

4. Sally Lloyd-Jones, *The Jesus Storybook Bible* (Grand Rapids: ZonderKidz, 2007). 셀리 로이드 존스, 《스토리 바이블》(두란노 역간).

5. C. S. Lewis, *Mere Christianity*, revised and enlarged (New York: HarperOne, 2009), Kindle. C. S. 루이스, 《순전한 기독교》(홍성사 역간).

6. C. S. Lewis, *The Great Divorce* (New York: HarperOne, 2009), Kindle. C. S. 루이스, 《천국과 지옥의 이혼》(홍성사 역간).

7. Sir Thomas Moore, "Come Ye, Disconsolate" (public domain, 1779-1852).

프롤로그 12

1. D. A. Carson 등이 편집한 *NIV Biblical Theology Study Bible*을 추천한다. D. A. 카슨 외, 《성경신학 스터디 바이블》(복있는사람).

2. Frederick William Faber, arranged by Eric Ashley, "O Come and Mourn with Me Awhile" (public domain).

3. William Williams, arranged by Jeremy Casella, "Guide Me O Thou Great Jehovah" (public domain).

4. Joseph Hart, arranged by Matthew Smith, "Come Ye Sinners" (public domain).

5. John Newton, "I Asked the Lord," Olney Hymns (public domain, 1779).

6. 이 표현은 마이클 이슬레이(Michael Easley) 박사에게서 처음 들었다.

7. Isaac Watts, "Joy to the World" (public domain, 1719).

8. C. S. Lewis, *Mere Christianity* (New York: HarperOne, 2009), Kindle. C. S. 루이스, 《순전한 기독교》(홍성사 역간).

9. Augustine, *The Confessions of St. Augustine*, 1.1.1 (Overland Park: Digireads. com, 2015), Kindle. 아우구스티누스, 《고백록》.

프롤로그 13

1. Thom S. Rainer, "Pastors and Mental Health," *Charisma Leader*, 2014년 3월 3일, https://ministrytodaymag.com/leadership/personal-character/20758-thom-rainer-pastors-and-mental-health/.

2. Henri Nouwen, *The Wounded Healer* (Melbourne: Image Publishing, 2013), 72. 헨리 나우웬, 《상처 입은 치유자》(두란노 역간).

3. J. R. R. Tolkien, The Return of the King, *The Lord of the Rings* (Boston: Houghton Mifflin Harcourt, 2012), Kindle. J. R. R. 톨킨, 《반지의 제왕》.

4. 나는 팀 켈러가 설교와 대화 중에 이 표현을 사용하는 것을 여러 번 들었다.

프롤로그 14

1. Dietrich Bonhoeffer, *Letters and Papers from Prison* (New York: Touchstone, 2011), Kindle.

2. Helen Wilcox 편집, *George Herbert: 100 Poems* (Cambridge: Cambridge Univ. Press, 2016), 154.

3. Sarah Pulliam Bailey, "Joni Eareckson Tada on Something Greater Than Healing," *Christianity Today*, 2010년 10월 8일, www.christianitytoday.com/ct/2010/october/12.30.html.

4. John Piper and Justin Taylor 편집, *Suffering and the Sovereignty of God* (Wheaton, IL: Crossway, 2006), 203.

프롤로그 15

1. Raymond C. Ortlund Jr., *Preaching the Word: Isaiah—God Saves Sinners* (Wheaton, IL: Crossway, 2012), Logos.

2. C. S. Lewis, *The Last Battle* (New York: Harper Collins, 2008), Kindle. C. S. 루이스, 《나니아 나라 이야기: 마지막 전투》.